La LRJSP XXL

Esta LRJSP XXL pertenece a:

NOMBRE:

RED SOCIAL:

TELÉFONO:

La LRJSP XXL

LEY 40/2015, DE 1 DE OCTUBRE,
DE RÉGIMEN JURÍDICO DEL SECTOR PÚBLICO

VICENTE VALERA
CINTHIA MOURE

Martina

tecnos

Diseño de cubierta:
Cinthia Moure

1.ª edición, octubre 2025
(edición cerrada en julio 2025)

© De la idea y adaptación de la Ley, Vicente Valera, 2025
© De las ilustraciones interiores, Cinthia Moure, 2025
© EDITORIAL TECNOS (GRUPO ANAYA, S. A.), 2025
Valentín Beato, 21 - 28037 Madrid

PAPEL DE FIBRA
CERTIFICADA

ISBN: 978-84-309-9362-8
Depósito Legal: M-15717-2025

Printed in Spain

Índice

TÍTULO 02.

ORGANIZACIÓN Y FUNCIONAMIENTO DEL SECTOR PÚBLICO INSTITUCIONAL

69

TÍTULO 03.

RELACIONES INTERADMINISTRATIVAS

113

TÍTULO PRELIMINAR

00

Disposiciones generales, principios de actuación y funcionamiento del sector público

CAPÍTULO I
DISPOSICIONES GENERALES

ARTÍCULO 1
OBJETO

La presente **Ley** establece y regula las **bases del régimen jurídico** de las **Administraciones Públicas**, los **principios del sistema de responsabilidad** de las **Administraciones Públicas** y de la **potestad sancionadora**, así como la **organización y funcionamiento** de la **Administración General del Estado** y de su **sector público institucional** para el desarrollo de sus actividades.

ARTÍCULO 2
ÁMBITO SUBJETIVO

1. La presente **Ley** se aplica al sector público que comprende:

A) La **Administración General del Estado**.

B) Las **Administraciones de las Comunidades Autónomas**.

C) Las Entidades que integran la **Administración Local**.

D) El **sector público institucional**.

2. El sector público institucional **se integra** por:

A) Cualesquiera **organismos públicos** y **entidades de Derecho Público vinculados o dependientes** de las **Administraciones Públicas**.

B) Las **entidades de Derecho Privado vinculadas o dependientes de las Administraciones Públicas** que quedarán sujetas a lo dispuesto en las normas de esta **Ley** que específicamente se refieran a las mismas, en particular a los principios previstos en el artículo 3, y en todo caso, cuando ejerzan potestades administrativas.

C) Las **Universidades públicas** que se regirán por su normativa específica y supletoriamente por las previsiones de la presente **Ley**.

3. Tienen la **consideración** de **Administraciones Públicas** la **Administración General del Estado**, las Administraciones de las **Comunidades Autónomas**, las Entidades que integran la Administración **Local**, así como los organismos públicos y **entidades de Derecho Público** previstos en la **letra *a)* del apartado 2**.

Notas:

ARTÍCULO 3

PRINCIPIOS GENERALES

1. Las **Administraciones Públicas sirven con objetividad los intereses generales** y actúan de acuerdo con los **principios** de eficacia, jerarquía, descentralización, desconcentración y coordinación, con sometimiento **pleno** a la Constitución, a la **Ley** y al Derecho.

Deberán respetar en su **actuación y relaciones** los siguientes **principios**:

A) Servicio efectivo a los ciudadanos.

B) Simplicidad, claridad y proximidad a los ciudadanos.

C) Participación, objetividad y transparencia de la actuación administrativa.

D) Racionalización y agilidad de los procedimientos administrativos y de las actividades materiales de gestión.

E) Buena fe, confianza legítima y lealtad institucional.

F) Responsabilidad por la gestión pública.

G) Planificación y **dirección por objetivos** y **control de la gestión** y **evaluación de los resultados** de las políticas públicas.

H) Eficacia en el cumplimiento de los objetivos fijados.

I) Economía, suficiencia y **adecuación** estricta de los medios a los fines institucionales.

J) Eficiencia en la asignación y utilización de los recursos públicos.

K) Cooperación, colaboración y **coordinación** entre las **Administraciones Públicas**.

2. Las **Administraciones Públicas se relacionarán entre sí y con sus órganos**, organismos públicos y entidades vinculados o dependientes **a través de medios electrónicos**, que aseguren la **interoperabilidad** y **seguridad** de los sistemas y soluciones adoptadas por cada una de ellas, **garantizarán la protección de los datos de carácter personal**, y facilitarán preferentemente la prestación conjunta de servicios a los interesados.

3. Bajo la **dirección del Gobierno** de la Nación, de los órganos de gobierno de las **Comunidades Autónomas** y de los correspondientes de las **Entidades Locales**, la **actuación** de la **Administración** Pública **respectiva** se desarrolla para alcanzar los objetivos que establecen las leyes y el resto del ordenamiento jurídico.

4. Cada una de las **Administraciones Públicas** del artículo 2 actúa para el cumplimiento **de sus fines** con **personalidad jurídica única**.

ARTÍCULO 4

PRINCIPIOS DE INTERVENCIÓN DE LAS ADMINISTRACIONES PÚBLICAS PARA EL DESARROLLO DE UNA ACTIVIDAD

1. Las **Administraciones Públicas** que, en el ejercicio de sus respectivas competencias, **establezcan** medidas que **limiten el ejercicio** de derechos individuales o colectivos o **exijan el cumplimiento de requisitos** para el desarrollo de una actividad, **deberán aplicar el princi-**

pio de proporcionalidad y elegir la **medida menos restrictiva, motivar su necesidad** para la protección del interés público así como **justificar su adecuación** para lograr los fines que se persiguen, **sin que en ningún caso se produzcan diferencias de trato discriminatorias**. Asimismo deberán **evaluar periódicamente** los efectos y resultados obtenidos.

2. Las **Administraciones Públicas velarán** por el cumplimiento de los requisitos previstos en la legislación que resulte aplicable, para lo cual **podrán**, en el ámbito de sus respectivas competencias y con los límites establecidos en la legislación de protección de datos de carácter personal, **comprobar, verificar, investigar e inspeccionar los hechos, actos, elementos, actividades, estimaciones y demás circunstancias que fueran necesarias**.

CAPÍTULO II
DE LOS ÓRGANOS DE LAS ADMINISTRACIONES PÚBLICAS

SECCIÓN 1.ª
DE LOS ÓRGANOS ADMINISTRATIVOS

ARTÍCULO 5
ÓRGANOS ADMINISTRATIVOS

1. Tendrán la **consideración** de **órganos** administrativos las unidades administrativas a las que se les atribuyan **funciones** que tengan **efectos jurídicos frente a terceros**, o cuya **actuación** tenga carácter **preceptivo**.

2. Corresponde a **cada Administración Pública delimitar**, en su respectivo ámbito competencial, las **unidades administrativas que configuran los órganos administrativos** propios de las especialidades derivadas de su organización.

3. La **creación** de cualquier **órgano administrativo** exigirá, al menos, el cumplimiento de los siguientes **requisitos**:

A) **Determinación** de su forma de integración en la Administración Pública de que se trate y su dependencia jerárquica.

B) **Delimitación** de sus funciones y competencias.

C) **Dotación** de los créditos necesarios para su puesta en marcha y funcionamiento.

4. No podrán crearse nuevos **órganos** que supongan duplicación de otros ya existentes si al mismo tiempo no **se suprime o restringe debidamente la competencia de estos**. A este objeto, la creación de un nuevo órgano sólo tendrá lugar **previa comprobación** de que **no existe** otro en la misma Administración Pública que **desarrolle igual función sobre el mismo territorio y población**.

Notas:
....
....
....
....
....

ARTÍCULO 6
INSTRUCCIONES Y ÓRDENES DE SERVICIO

1. Los órganos administrativos **podrán dirigir las actividades** de sus **órganos jerárquicamente dependientes** mediante **instrucciones y órdenes de servicio**.

Cuando una disposición específica así lo establezca, o se estime conveniente por razón de los **destinatarios** o de los **efectos** que puedan producirse, las **instrucciones y órdenes de servicio se publicarán en el boletín oficial que corresponda**, sin perjuicio de su difusión de acuerdo con lo previsto en la **Ley 19/2013, de 9 de diciembre**, de transparencia, acceso a la información pública y buen gobierno.

2. El **incumplimiento** de las instrucciones u órdenes de servicio **no afecta por sí solo** a la **validez de los actos** dictados por los órganos administrativos, sin perjuicio de la responsabilidad disciplinaria en que se pueda incurrir.

ARTÍCULO 7
ÓRGANOS CONSULTIVOS

La **Administración consultiva podrá** articularse mediante órganos específicos dotados de autonomía orgánica y funcional con respecto a la Administración **activa**, o a través de los servicios **de esta última** que prestan asistencia jurídica.

En tal caso, dichos servicios **no podrán estar sujetos** a dependencia jerárquica, ya sea orgánica o funcional, **ni recibir** instrucciones, directrices o cualquier clase de indicación de los órganos que hayan elaborado las disposiciones o producido los actos objeto de consulta, **actuando para cumplir con tales garantías de forma colegiada**.

SECCIÓN 2.ª
COMPETENCIA

ARTÍCULO 8
COMPETENCIA

1. La competencia es **irrenunciable** y se ejercerá por los órganos administrativos que **la tengan atribuida como propia**, **salvo** los casos de **delegación o avocación**, cuando se efectúen en los términos previstos en ésta u otras leyes.

La **delegación de competencias**, las **encomiendas de gestión**, la **delegación de firma** y la **suplencia no** suponen **alteración** de la **titularidad** de la **competencia**, aunque sí de los elementos determinantes de su ejercicio que en cada caso se prevén.

2. La titularidad y el **ejercicio de las competencias** atribuidas a los órganos administrativos **podrán ser desconcentradas** en otros jerárquicamente dependientes de aquéllos en los términos y con los requisitos que prevean las propias normas de atribución de competencias.

3. Si alguna disposición atribuye la competencia a una Administración, sin especificar el órgano que debe ejercerla, se entenderá que la **facultad de instruir y resolver los expedientes corresponde** a los **órganos inferiores competentes** por razón de la materia y del territorio. **Si existiera más de un** órgano inferior competente por razón de materia y territorio, la facultad para instruir y **resolver** los expedientes corresponderá al superior jerárquico común de estos.

ARTÍCULO 9
DELEGACIÓN DE COMPETENCIAS

1. Los órganos de las diferentes **Administraciones Públicas podrán delegar** el ejercicio de las competencias que tengan atribuidas en **otros órganos de la misma Administración**, aun cuando no sean jerárquicamente dependientes, o en los **Organismos públicos** o **Entidades de Derecho Público** vinculados o dependientes de aquéllas.

En el ámbito de la **Administración General del Estado**, la delegación de competencias **deberá ser aprobada previamente** por el órgano ministerial de quien dependa el órgano delegante y en el caso de los **Organismos públicos** o **Entidades vinculados o dependientes**, por el órgano **máximo** de dirección, de acuerdo con sus normas de creación. Cuando se trate de órganos **no relacionados jerárquicamente** será necesaria la **aprobación previa del superior común** si ambos pertenecen al **mismo Ministerio**, o del **órgano superior de quien dependa el órgano delegado**, si el delegante y el delegado pertenecen a **diferentes** Ministerios.

Asimismo, los órganos de la **Administración General del Estado** podrán delegar el ejercicio de sus competencias propias en sus Organismos públicos y Entidades vinculados o dependientes, **cuando resulte conveniente para alcanzar los fines que tengan asignados y mejorar la eficacia de su gestión**. La delegación deberá ser previamente **aprobada** por los órganos de los que dependan el órgano delegante y el órgano delegado, o **aceptada** por este último cuando sea el órgano **máximo** de dirección del Organismo público o Entidad vinculado o dependiente.

2. En ningún caso podrán ser objeto de delegación las competencias relativas a:

A) Los asuntos que se refieran a **relaciones con** la Jefatura del **Estado**, la Presidencia del **Gobierno** de la Nación, las Cortes Generales, las Presidencias de los Consejos de **Gobierno** de las **Comunidades Autónomas** y las Asambleas Legislativas de las **Comunidades Autónomas**.

B) La **adopción de disposiciones de carácter general**.

C) La **resolución de recursos en los órganos administrativos** que hayan dictado los **actos objeto de recurso**.

D) Las **materias en que así se determine por norma con rango de Ley**.

3. Las delegaciones de competencias y su revocación **deberán publicarse** en el **«Boletín Oficial del Estado»**, en el de la Comunidad Autónoma o en el de la Provincia, según la Administración a que pertenezca el órgano delegante, y el ámbito territorial de competencia de éste.

4. Las resoluciones administrativas que se adopten por delegación **indicarán expresamente esta circunstancia** y se considerarán dictadas por el órgano delegante.

5. Salvo **autorización expresa** de una **Ley**, no podrán delegarse las competencias que se ejerzan por delegación.

No constituye impedimento para que pueda delegarse la competencia **para resolver un procedimiento** la circunstancia de que la norma reguladora del mismo prevea, **como trámite preceptivo, la emisión de un dictamen o informe**; no obstante, no **podrá** delegarse la competencia para **resolver** un procedimiento **una vez que** en el correspondiente procedimiento **se haya emitido un dictamen o informe** preceptivo acerca del mismo.

6. La delegación será revocable en cualquier momento por el órgano que la haya conferido.

7. El acuerdo de delegación de aquellas competencias atribuidas a **órganos colegiados**, para cuyo ejercicio se requiera un quórum o mayoría especial, **deberá adoptarse observando, en todo caso, dicho quórum o mayoría**.

ARTÍCULO 10
AVOCACIÓN

1. Los órganos superiores **podrán avocar para sí** el conocimiento de uno o varios asuntos **cuya resolución** corresponda ordinariamente o por delegación a sus órganos administrativos dependientes, cuando **circunstancias de índole técnica, económica, social, jurídica o territorial lo hagan conveniente**.

En los supuestos de delegación de competencias en órganos no dependientes jerárquicamente, el conocimiento de un asunto **podrá** ser avocado **únicamente** por el órgano delegante.

2. En todo caso, la avocación se realizará **mediante acuerdo motivado** que deberá ser **notificado** a los interesados en el procedimiento, si los hubiere, **con anterioridad o simultáneamente a la resolución final que se dicte**.

Contra el acuerdo de avocación **no cabrá recurso**, aunque **podrá impugnarse** en el que, en su caso, se interponga contra la resolución del procedimiento.

ARTÍCULO 11
ENCOMIENDAS DE GESTIÓN

1. La realización de **actividades de carácter material o técnico** de la competencia de los órganos administrativos o de las **Entidades de Derecho Público podrá** ser encomendada a otros órganos o **Entidades de Derecho Público** de la misma o de distinta Administración, siempre que entre sus competencias estén esas actividades, **por razones de eficacia o cuando no se posean los medios técnicos idóneos para su desempeño**.

Las encomiendas de gestión **no podrán tener por objeto** prestaciones propias de los contratos regulados en la legislación de contratos del sector público. En tal caso, su naturaleza y régimen jurídico se ajustará a lo previsto en ésta.

2. La encomienda de gestión **no supone cesión de la titularidad de la competencia ni de los elementos sustantivos de su ejercicio**, siendo responsabilidad del órgano o Entidad encomendante dictar cuantos actos o resoluciones de carácter jurídico den soporte o en los que se integre la concreta actividad material objeto de encomienda.

En todo caso, la Entidad u órgano encomendado tendrá la condición de encargado del tratamiento de los datos de carácter personal a los que pudiera tener acceso en ejecución de la encomienda de gestión, siéndole de aplicación lo dispuesto en la normativa de protección de datos de carácter personal.

3. La **formalización** de las encomiendas de gestión se ajustará a las siguientes **reglas**:

A) Cuando la encomienda de gestión se realice entre órganos administrativos o **Entidades de Derecho Público pertenecientes a la misma Administración** deberá formalizarse en los **términos que establezca su normativa propia** y, en su defecto, **por acuerdo expreso** de los órganos o **Entidades de Derecho Público intervinientes**. **En todo caso**, el instrumento de formalización de la encomienda de gestión y su resolución deberá ser **publicada**, para su eficacia, en el «**Boletín Oficial del Estado**», en el Boletín oficial de la Comunidad Autónoma o en el de la Provincia, según la Administración a que pertenezca el órgano encomendante.

Cada Administración **podrá regular los requisitos necesarios** para la validez de tales acuerdos que incluirán, **al menos**, **expresa** mención de la **actividad o actividades a las que afecten**, el **plazo** de vigencia y la **naturaleza** y **alcance** de la gestión encomendada.

B) Cuando la encomienda de gestión se realice entre órganos y **Entidades de Derecho Público** de distintas Administraciones **se formalizará mediante firma del correspondiente convenio entre ellas**, que **deberá ser publicado** en el «**Boletín Oficial del Estado**», en el Boletín oficial de la Comunidad Autónoma o en el de la Provincia, según la Administración a que pertenezca el órgano encomendante, **salvo** en el supuesto de la gestión ordinaria de los servicios de las **Comunidades Autónomas** por las Diputaciones Provinciales o en su caso Cabildos o Consejos insulares, **que se regirá por la legislación de Régimen Local**.

ARTÍCULO 12
DELEGACIÓN DE FIRMA

1. Los titulares de los órganos administrativos podrán, **en materias de su competencia**, que ostenten, bien por atribución, bien por delegación de competencias, **delegar la firma** de sus resoluciones y actos administrativos **en los titulares de los órganos o unidades administrativas que de ellos dependan**, dentro de los límites señalados en el artículo 9.

2. La delegación de firma **no alterará** la competencia del órgano delegante y para su validez n**o será necesaria su publicación**.

3. En las resoluciones y actos que se firmen por delegación **se hará constar** esta circunstancia y la autoridad de procedencia.

ARTÍCULO 13
SUPLENCIA

1. En la forma que disponga cada Administración Pública, los titulares de los órganos administrativos **podrán ser suplidos temporalmente** en los **supuestos** de **vacante**, **ausencia** o **enfermedad**, así como en los casos en que haya sido declarada su **abstención o recusación**.

Si no se designa suplente, la competencia del órgano administrativo **se ejercerá por quien designe** el órgano administrativo inmediato superior de quien dependa.

2. La suplencia **no implicará** alteración de la competencia y para su validez **no será necesaria su publicación**.

3. En el ámbito de la **Administración General del Estado**, la designación de suplente **podrá efectuarse**:

A) En los **reales decretos de estructura orgánica básica** de los Departamentos Ministeriales o en los estatutos de sus Organismos públicos y Entidades vinculados o dependientes según corresponda.

B) Por el órgano competente para el nombramiento del titular, bien en el propio acto de nombramiento bien en otro posterior cuando se produzca el supuesto que dé lugar a la suplencia.

4. En las **resoluciones y actos que se dicten mediante suplencia, se hará constar esta circunstancia y se especificará** el titular del órgano en cuya suplencia se adoptan y quien efectivamente está ejerciendo esta suplencia.

ARTÍCULO 14
DECISIONES SOBRE COMPETENCIA

1. El órgano administrativo que **se estime incompetente para la resolución de un asunto remitirá directamente** las actuaciones **al órgano que considere competente**, debiendo notificar esta circunstancia a los interesados.

2. Los interesados que sean parte en el procedimiento **podrán** dirigirse al órgano que se encuentre conociendo de un asunto **para que decline su competencia y remita las actuaciones al órgano competente**.

Asimismo, podrán dirigirse al órgano que estimen competente para que **requiera de inhibición** al que esté conociendo del asunto.

3. Los **conflictos de atribuciones sólo podrán suscitarse** entre órganos de una misma Administración no relacionados jerárquicamente, y respecto a asuntos sobre los que no haya finalizado el procedimiento administrativo.

SECCIÓN 3.ª
ÓRGANOS COLEGIADOS DE LAS DISTINTAS ADMINISTRACIONES PÚBLICAS
SUBSECCIÓN 1.ª FUNCIONAMIENTO

ARTÍCULO 15
RÉGIMEN

1. El régimen jurídico de los órganos colegiados se ajustará a las normas contenidas en la presente sección, **sin perjuicio de las peculiaridades organizativas** de las **Administraciones Públicas** en que se integran.

2. Los órganos colegiados de las distintas **Administraciones Públicas en que participen organizaciones representativas** de intereses sociales, así como aquellos compuestos por representaciones de **distintas Administraciones Públicas**, cuenten o no con participación de organizaciones representativas de intereses sociales, **podrán establecer** o **completar sus propias normas de funcionamiento**.

Los órganos colegiados a que se refiere este apartado quedarán integrados en la Administración Pública que corresponda, **aunque sin participar en la estructura jerárquica de ésta, salvo que** así lo **establezcan sus normas de creación**, se **desprenda de sus funciones** o de la **propia naturaleza** del órgano colegiado.

3. El **acuerdo** de creación y las **normas** de funcionamiento de los órganos colegiados que dicten resoluciones que tengan efectos jurídicos frente a terceros **deberán ser publicados** en el Boletín o Diario Oficial de la Administración Pública en que se integran. **Adicionalmente**, las Administraciones **podrán publicarlos en otros medios** de difusión **que garanticen su conocimiento**.

Cuando se trate de un órgano colegiado a los que se refiere el apartado 2 de este artículo la citada publicidad se realizará por la Administración a quien corresponda la Presidencia.

ARTÍCULO 16
SECRETARIO

1. Los órganos colegiados tendrán un Secretario que **podrá ser** un miembro del propio órgano o una persona al servicio de la Administración Pública correspondiente.

2. Corresponderá al Secretario **velar por la legalidad** formal y material de **las actuaciones** del órgano colegiado, **certificar las actuaciones** del mismo y **garantizar** que los procedimientos y reglas de constitución y adopción de acuerdos son respetadas.

3. En caso de que el Secretario no miembro **sea suplido** por un miembro del órgano colegiado, **éste conservará todos sus derechos como tal**.

ARTÍCULO 17
CONVOCATORIAS Y SESIONES

1. Todos los órganos colegiados se podrán constituir, convocar, celebrar sus sesiones, adoptar acuerdos y remitir actas **tanto de forma presencial como a distancia**, **salvo** que su reglamento interno **recoja expresa y excepcionalmente lo contrario**.

En las sesiones que celebren los órganos colegiados a distancia, **sus miembros podrán encontrarse en distintos lugares siempre y cuando se asegure** por medios electrónicos, considerándose también tales los telefónicos, y audiovisuales, la **identidad** de los miembros o personas que los suplan, el **contenido de sus manifestacione**s, el **momento** en que éstas se producen, así como la **interactividad** e **intercomunicación** entre ellos en tiempo real y la **disponibilidad** de los medios durante la sesión. Entre otros, se considerarán **incluidos** entre los **medios electrónicos válidos**, el correo electrónico, las audioconferencias y las videoconferencias.

2. Para la **válida constitución del órgano**, a efectos de la **celebración de sesiones, deliberaciones y toma de acuerdos, se requerirá la asistencia**, presencial o a distancia, del Presidente y Secretario o en su caso, de quienes les suplan, y la de la mitad, al menos, de sus miembros.

Cuando se trate de los **órganos colegiados a que se refiere el artículo 15.2**, el Presidente **podrá** considerar válidamente constituido el órgano, a efectos de celebración de sesión, **si asisten** los representantes de las **Administraciones Públicas** y de las organizaciones representativas de intereses sociales miembros del órgano **a los que se haya atribuido la condición de portavoces**.

Cuando estuvieran reunidos, de manera presencial o a distancia, **el Secretario y todos los miembros del órgano colegiado**, o en su caso las personas que les suplan, éstos **podrán constituirse válidamente** como órgano colegiado para la celebración de sesiones, deliberaciones y adopción de acuerdos sin necesidad de convocatoria previa cuando así lo decidan **todos sus miembros**.

3. Los órganos colegiados podrán establecer el **régimen propio de convocatorias, si éste no está previsto por sus normas de funcionamiento**. Tal régimen **podrá** prever una segunda convocatoria y especificar para ésta el número de miembros necesarios para constituir válidamente el órgano.

Salvo que no resulte posible, las convocatorias **serán remitidas** a los miembros del órgano colegiado **a través de medios electrónicos**, haciendo constar en la misma el **orden del día junto con la documentación necesaria para su deliberación** cuando sea posible, las **condiciones** en las que se va a celebrar la sesión, el **sistema de conexión** y, en su caso, los lugares en que estén disponibles los medios técnicos necesarios para asistir y participar en la reunión.

4. No podrá ser objeto de deliberación o acuerdo ningún asunto que no figure incluido en el orden del día, salvo que asistan **todos los miembros del órgano colegiado y sea declarada la urgencia** del asunto por el voto favorable de la mayoría.

5. Los acuerdos serán adoptados por mayoría de votos. Cuando se asista a distancia, **los acuerdos se entenderán adoptados en el lugar donde tenga la sede el órgano colegiado y,** en su defecto, **donde esté ubicada la presidencia.**

6. Cuando los miembros del órgano **voten en contra o se abstengan, quedarán exentos de la responsabilidad que, en su caso, pueda derivarse de los acuerdos.**

7. Quienes **acrediten la titularidad** de un **interés legítimo podrán** dirigirse al Secretario de un órgano colegiado **para que les sea expedida certificación de sus acuerdos.** La certificación **será expedida por medios electrónicos, salvo** que el interesado **manifieste expresamente** lo contrario y no tenga obligación de relacionarse con las Administraciones por esta vía.

ARTÍCULO 18
ACTAS

1. De **cada sesión** que celebre el órgano colegiado **se levantará acta por el Secretario,** que **especificará necesariamente** los **asistentes,** el **orden del día** de la reunión, las circunstancias del **lugar y tiempo** en que se ha celebrado, los **puntos principales de las deliberaciones,** así como el **contenido de los acuerdos adoptados.**

Podrán grabarse las sesiones que celebre el órgano colegiado. El **fichero** resultante de la grabación, **junto con la certificación expedida por el Secretario** de la autenticidad e integridad del mismo, y cuantos documentos en soporte electrónico se utilizasen como documentos de la sesión, **podrán acompañar al acta de las sesiones,** sin necesidad de hacer constar en ella los puntos principales de las deliberaciones.

2. El acta de cada sesión **podrá** aprobarse en la **misma** reunión o en la **inmediata siguiente. El Secretario elaborará el acta con el visto bueno del Presidente y lo remitirá a través de medios electrónicos,** a los miembros del órgano colegiado, quienes **podrán** manifestar por los mismos medios **su conformidad o reparos al texto,** a efectos de su aprobación, considerándose, en caso afirmativo, aprobada en la misma reunión.

Cuando se hubiese optado por la grabación de las sesiones celebradas o por la utilización de documentos en soporte electrónico, **deberán conservarse de forma que se garantice la integridad y autenticidad de los ficheros** electrónicos correspondientes **y el acceso** a los mismos por parte de los miembros del órgano colegiado.

Notas:

ARTÍCULO 19

RÉGIMEN DE LOS ÓRGANOS COLEGIADOS DE LA ADMINISTRACIÓN GENERAL DEL ESTADO Y DE LAS ENTIDADES DE DERECHO PÚBLICO VINCULADAS O DEPENDIENTES DE ELLA

1. Los **órganos colegiados** de la **Administración General del Estado** y de las **Entidades de Derecho Público** vinculadas o dependientes de ella, **se regirán** por las **normas establecidas** en este artículo, y por las **previsiones** que sobre ellos se establecen en la **Ley de Procedimiento Administrativo Común de las Administraciones Públicas**.

2. Corresponderá a su Presidente:

A) **Ostentar** la **representación del órgano**.

B) **Acordar la convocatoria de las sesiones** ordinarias y extraordinarias y la **fijación del orden del día**, teniendo en cuenta, en su caso, las peticiones de los demás miembros, siempre que hayan sido formuladas con la suficiente antelación.

C) **Presidir las sesiones, moderar el desarrollo de los debates y suspenderlos** por causas justificadas.

D) **Dirimir con su voto los empates**, a efectos de adoptar acuerdos, excepto si se trata de los órganos colegiados a que se refiere el artículo 15.2, en los que el voto será dirimente si así lo establecen sus propias normas.

E) **Asegurar el cumplimiento de las leyes**.

F) **Visar las actas y certificaciones de los acuerdos del órgano**.

G) **Ejercer** cuantas otras funciones sean inherentes a su condición de Presidente del órgano.

En casos de **vacante**, **ausencia**, **enfermedad**, u **otra** causa **legal**, el Presidente **será sustituido por el Vicepresidente que corresponda**, y en su defecto, por el miembro del órgano colegiado de mayor jerarquía, antigüedad y edad, por este orden.

Esta norma no será de aplicación a los **órganos colegiados previstos en el artículo 15.2** en los que el régimen de sustitución del Presidente debe estar específicamente regulado en cada caso, o establecido expresamente por acuerdo del Pleno del órgano colegiado.

3. Los miembros del órgano colegiado **deberán**:

A) **Recibir**, con una antelación mínima de **2 días**, la **convocatoria conteniendo el orden del día** de las reuniones. La información sobre los temas que figuren en el orden del día estará a disposición de los miembros en igual plazo.

B) **Participar en los debates de las sesiones**.

C) **Ejercer** su derecho al voto y formular su **voto particular**, así como expresar el sentido de su voto y los motivos que lo justifican. No podrán abstenerse en las votaciones quienes por su cualidad de autoridades o personal al servicio de las **Administraciones Públicas**, tengan la condición de miembros natos de órganos colegiados, en virtud del cargo que desempeñan.

D) **Formular** ruegos y preguntas.

E) **Obtener la información precisa para cumplir las funciones asignadas**.

F) Cuantas **otras** funciones sean inherentes a su **condición**.

Los miembros de un órgano colegiado **no podrán atribuirse** las funciones de representación reconocidas a éste, salvo que expresamente se les hayan otorgado por una norma o por acuerdo válidamente adoptado, para cada caso concreto, por el propio órgano.

En casos de **ausencia o de enfermedad y, en general, cuando concurra alguna causa justificada**, los miembros titulares del órgano colegiado serán sustituidos por sus suplentes, si los hubiera.

Cuando se trate de **órganos colegiados a los que se refiere el artículo 15** las organizaciones representativas de intereses sociales **podrán sustituir a sus miembros titulares por otros**, acreditándolo ante la Secretaría del órgano colegiado, **con respeto a las reservas y limitaciones que establezcan sus normas de organización**.

Los miembros del órgano colegiado **no podrán ejercer** estas funciones cuando concurra **conflicto** de interés.

4. La **designación y el cese**, así como la **sustitución temporal del Secretario** en supuestos de **vacante, ausencia o enfermedad se realizarán** según lo dispuesto en las normas específicas de cada órgano y, en su defecto, por acuerdo del mismo.

Corresponde al **Secretario** del órgano colegiado:

A) **Asistir a las reuniones** con voz pero sin voto, y **con voz y voto si la Secretaría del órgano la ostenta un miembro** del mismo.

B) **Efectuar la convocatoria** de las sesiones del órgano **por orden del Presidente, así como las citaciones** a los miembros del mismo.

C) **Recibir los actos de comunicación** de los miembros con el órgano, sean notificaciones, peticiones de datos, rectificaciones o cualquiera otra clase de escritos de los que deba tener conocimiento.

D) **Preparar el despacho de los asuntos, redactar y autorizar las actas de las sesiones**.

E) **Expedir certificaciones** de las **consultas, dictámenes y acuerdos aprobados**.

F) Cuantas **otras** funciones sean **inherentes** a su condición de Secretario.

5. En el acta figurará, a solicitud de los respectivos miembros del órgano, el **voto** contrario al acuerdo adoptado, su **abstención** y los **motivos** que la justifiquen o el **sentido** de su voto **favorable**.

Asimismo, **cualquier miembro tiene derecho a solicitar la transcripción íntegra de su intervención o propuesta**, siempre que, en ausencia de grabación de la reunión aneja al acta, aporte en el acto, o en el plazo que señale el Presidente, el texto que se corresponda fielmente con su intervención, haciéndose así constar en el acta o uniéndose copia a la misma.

Los **miembros** que **discrepen** del acuerdo mayoritario podrán formular **voto particular por escrito** en el plazo de **2 días**, que se incorporará al texto aprobado.

Las actas se aprobarán en la **misma o en la siguiente sesión**, pudiendo no obstante emitir el Secretario certificación sobre los acuerdos que se hayan adoptado, sin perjuicio de la ulterior aprobación del acta. Se **considerará aprobada** en la misma sesión el acta que, con posterioridad a la reunión, sea distribuida entre los miembros y **reciba la conformidad de éstos por cualquier medio del que el Secretario deje expresión y constancia**.

En las certificaciones de acuerdos adoptados emitidas con anterioridad a la aprobación del acta se hará constar expresamente tal circunstancia.

ARTÍCULO 20
REQUISITOS PARA CONSTITUIR ÓRGANOS COLEGIADOS.

1. **Son órganos colegiados** aquellos que se **creen formalmente** y estén integrados por **tres o más personas**, a los que **se atribuyan funciones administrativas** de decisión, **propuesta**, asesoramiento, seguimiento o control, y que **actúen integrados en la Administración General del Estado** o alguno de sus **Organismos públicos**.

2. La **constitución** de un órgano colegiado en la **Administración General del Estado** y en sus Organismos públicos **tiene como presupuesto indispensable la determinación en su norma de creación o en el convenio con otras Administraciones Públicas por el que dicho órgano se cree**, de los siguientes **extremos**:

A) Sus **fines** u **objetivos**.

B) Su **integración** administrativa o dependencia jerárquica.

C) La **composición y los criterios** para la designación de su Presidente y de los restantes miembros.

D) Las **funciones** de decisión, **propuesta**, **informe**, seguimiento o control, **así como cualquier otra que se le atribuya**.

E) La **dotación** de **los créditos necesarios**, en su caso, **para su funcionamiento**.

3. El **régimen jurídico** de los órganos colegiados a que se refiere el apartado 1 de este artículo **se ajustará a las normas contenidas en el artículo 19**, sin perjuicio de las peculiaridades organizativas contenidas en la presente **Ley** o en su norma o convenio de creación.

ARTÍCULO 21
CLASIFICACIÓN Y COMPOSICIÓN DE LOS ÓRGANOS COLEGIADOS.

1. Los órganos colegiados de la **Administración General del Estado** y de sus Organismos públicos, **por su composición, se clasifican en**:

A) **Órganos colegiados interministeriales**, si sus miembros proceden de diferentes **Ministerios**.

B) **Órganos colegiados ministeriales**, si sus componentes proceden de los órganos de un solo **Ministerio**.

2. En los órganos colegiados a los que se refiere el apartado anterior, **podrá haber representantes de otras Administraciones Públicas**, cuando éstas lo **acepten voluntariamente**, cuando un **convenio así lo establezca** o cuando una **norma aplicable** a las Administraciones afectadas **lo determine**.

3. En la composición de los órganos colegiados **podrán participar, cuando así se determine, organizaciones representativas de intereses sociales**, así como **otros miembros que se designen** por las especiales condiciones de experiencia o conocimientos que concurran en ellos, **en atención a la naturaleza de las funciones asignadas a tales órganos**.

ARTÍCULO 22
CREACIÓN, MODIFICACIÓN Y SUPRESIÓN DE ÓRGANOS COLEGIADOS

1. La creación de órganos colegiados de la **Administración General del Estado** y de sus Organismos públicos **sólo requerirá de norma específica, con publicación en el «Boletín Oficial del Estado»**, en los casos en que se les atribuyan cualquiera de las siguientes **competencias**:

A) Competencias **decisorias**.

B) Competencias de **propuesta o emisión de informes preceptivos que deban servir de base a decisiones de otros órganos administrativos**.

C) Competencias de **seguimiento o control** de las actuaciones de otros órganos de la Administración General del Estado.

2. En los supuestos enunciados en el apartado anterior, **la norma de creación deberá revestir la forma de Real Decreto** en el caso de los órganos colegiados interministeriales cuyo Presidente tenga **rango superior al de Director general**; **Orden ministerial conjunta** para los **restantes** órganos colegiados **interministeriales**, y **Orden ministerial** para los de **este** carácter.

3. En todos los **supuestos no comprendidos** en el apartado 1 de este artículo, los órganos colegiados **tendrán el carácter de grupos o comisiones de trabajo y podrán ser creados por Acuerdo del Consejo de Ministros o por los Ministerios interesados. Sus acuerdos no podrán tener efectos directos frente a terceros.**

4. La **modificación** y **supresión** de los órganos colegiados y de los grupos o comisiones de trabajo de la **Administración General del Estado** y de los Organismos públicos **se llevará a cabo en la misma forma dispuesta para su creación, salvo que ésta hubiera fijado plazo previsto para su extinción, en cuyo caso ésta se producirá automáticamente en la fecha señalada al efecto.**

SECCIÓN 4.ª
ABSTENCIÓN Y RECUSACIÓN

ARTÍCULO 23
ABSTENCIÓN

1. Las autoridades y el personal al servicio de las Administraciones **en quienes se den algunas de las circunstancias** señaladas en el apartado siguiente **se abstendrán** de intervenir en el procedimiento y lo comunicarán a su superior inmediato, quien resolverá lo procedente.

2. Son **motivos de abstención** los siguientes:

A) **Tener interés personal** en el asunto de que se trate o en otro en cuya resolución pudiera influir la de aquél; **ser administrador de sociedad o entidad interesada, o tener cuestión litigiosa pendiente con algún interesado.**

B) Tener un **vínculo matrimonial o situación de hecho asimilable y el parentesco de consanguinidad dentro del cuarto grado o de afinidad dentro del segundo**, con cualquiera de los interesados, con los administradores de entidades o sociedades interesadas y también con los asesores, representantes legales o mandatarios que intervengan en el procedimiento, así como **compartir despacho profesional o estar asociado con éstos** para el asesoramiento, la representación o el mandato.

C) Tener **amistad íntima o enemistad manifiesta** con alguna de las personas mencionadas en el apartado anterior.

D) **Haber intervenido como perito o como testigo en el procedimiento de que se trate.**

E) **Tener relación de servicio** con **persona natural o jurídica interesada directamente en el asunto**, o **haberle prestado en los dos últimos años servicios profesionales** de cualquier tipo y en cualquier circunstancia o lugar.

3. Los **órganos jerárquicamente superiores** a quien se encuentre en alguna de las circunstancias señaladas en el punto anterior **podrán ordenarle que se abstengan de toda intervención en el expediente.**

4. La actuación de autoridades y personal al servicio de las **Administraciones Públicas** en los que concurran motivos de abstención **no implicará, necesariamente, y en todo caso, la invalidez de los actos en que hayan intervenido.**

5. La **no abstención** en los casos en que concurra alguna de esas circunstancias **dará lugar a la responsabilidad que proceda.**

ARTÍCULO 24
RECUSACIÓN

1. En los casos previstos en el artículo anterior, **podrá promoverse** recusación por los interesados en **cualquier momento de la tramitación del procedimiento**.

2. La recusación **se planteará por escrito** en el que se **expresará la causa o causas en que se funda**.

3. En el día siguiente el recusado manifestará a su inmediato superior si se da o no en él la causa alegada. En el primer caso, **si el superior aprecia la concurrencia de la causa de recusación, acordará su sustitución acto seguido**.

4. Si el recusado **niega la causa** de recusación, **el superior resolverá en el plazo de 3 días**, previos los informes y comprobaciones que considere oportunos.

5. Contra las resoluciones adoptadas en esta materia no cabrá recurso, sin perjuicio de la **posibilidad de alegar la recusación al interponer el recurso que proceda contra el acto que ponga fin al procedimiento**.

CAPÍTULO III
PRINCIPIOS DE LA POTESTAD SANCIONADORA

ARTÍCULO 25
PRINCIPIO DE LEGALIDAD

1. La **potestad sancionadora de las Administraciones Públicas se ejercerá** cuando haya sido **expresamente reconocida** por una **norma con rango de Ley**, con **aplicación del procedimiento previsto para su ejercicio** y de acuerdo con lo **establecido en esta Ley** y en la **Ley de Procedimiento Administrativo Común de las Administraciones Públicas** y, cuando se trate de **Entidades Locales**, de conformidad con lo dispuesto en el Título XI de la **Ley 7/1985, de 2 de abril**.

2. El ejercicio de la potestad sancionadora corresponde a los órganos administrativos que la tengan expresamente atribuida, por disposición de rango legal o reglamentario.

3. Las disposiciones de este Capítulo **serán extensivas** al ejercicio por las **Administraciones Públicas** de su **potestad disciplinaria respecto del personal a su servicio**, cualquiera que sea la naturaleza jurídica de la relación de empleo.

4. Las disposiciones de este capítulo no serán de aplicación al ejercicio por las **Administraciones Públicas** de la potestad sancionadora respecto de quienes estén **vinculados** a ellas por **relaciones** reguladas por la **legislación de contratos del sector público** o por la legislación **patrimonial** de las **Administraciones Públicas**.

ARTÍCULO 26
IRRETROACTIVIDAD

1. Serán de aplicación las **disposiciones sancionadoras vigentes en el momento de producirse los hechos que constituyan infracción administrativa**.

2. Las disposiciones sancionadoras **producirán efecto retroactivo en cuanto favorezcan al presunto infractor** o al infractor, tanto en lo referido a la **tipificación** de la infracción como a la sanción y a sus **plazos de prescripción, incluso respecto de las sanciones pendientes de cumplimiento al entrar en vigor la nueva disposición**.

ARTÍCULO 27
PRINCIPIO DE TIPICIDAD

1. Sólo constituyen infracciones administrativas las vulneraciones del ordenamiento jurídico previstas como tales infracciones por una Ley**, sin perjuicio de lo dispuesto para la Administración Local en el Título XI de la **Ley 7/1985, de 2 de abril**.

Las infracciones administrativas **se clasificarán por la Ley en** leves, **graves y muy graves**.

2. Únicamente por la comisión de infracciones administrativas **podrán imponerse sanciones** que, en todo caso, **estarán delimitadas por la Ley**.

3. Las disposiciones reglamentarias de desarrollo **podrán introducir especificaciones o graduaciones al cuadro de las infracciones o sanciones establecidas legalmente** que, **sin constituir nuevas infracciones o sanciones, ni alterar la naturaleza o límites de las que la Ley** contempla, contribuyan a la más correcta identificación de las conductas o a la más precisa determinación de las sanciones correspondientes.

4. Las normas definidoras de infracciones y sanciones no serán susceptibles de aplicación analógica.

ARTÍCULO 28
RESPONSABILIDAD

1. Sólo podrán ser **sancionadas por hechos constitutivos de infracción administrativa las personas físicas y jurídicas**, así como, **cuando una Ley** les reconozca **capacidad de obrar**, los **grupos de afectados**, las **uniones y entidades sin personalidad jurídica** y los **patrimonios independientes** o **autónomos**, que **resulten responsables de los mismos a título de dolo o culpa**.

2. Las **responsabilidades administrativas** que se deriven de la comisión de una infracción **serán compatibles** con la **exigencia** al infractor de la **reposición de la situación alterada** por el mismo a su **estado** originario, así como con la **indemnización por los daños y perjuicios causados**, que será determinada y exigida por el órgano al que corresponda el ejercicio de la potestad sancionadora. **De no satisfacerse** la indemnización en el plazo que al efecto se determine en función de su cuantía, **se procederá en la forma prevista en el artículo 101** de la **Ley del Procedimiento Administrativo Común de las Administraciones Públicas**.

3. Cuando el cumplimiento de una obligación establecida por una norma con rango de **Ley** corresponda a **varias personas conjuntamente**, responderán de forma solidaria de **las infracciones** que, en su caso, se cometan **y de las sanciones que se impongan**. No obstante, cuando la **sanción sea pecuniaria y sea posible se individualizará en la resolución en función del grado de participación de cada responsable**.

4. Las leyes reguladoras de los distintos regímenes sancionadores **podrán tipificar como infracción** el **incumplimiento** de la **obligación de prevenir** la comisión de infracciones administrativas por quienes se hallen sujetos a una relación de dependencia o vinculación. Asimismo, podrán **prever** los **supuestos** en que determinadas personas responderán del pago de las sanciones pecuniarias impuestas a quienes de ellas dependan o estén vinculadas.

ARTÍCULO 29
PRINCIPIO DE PROPORCIONALIDAD

1. Las sanciones administrativas, sean o no de naturaleza pecuniaria, **en ningún caso podrán implicar, directa o subsidiariamente, privación de libertad**.

2. El establecimiento de sanciones pecuniarias **deberá prever** que la comisión de las **infracciones tipificadas no resulte más beneficioso** para el infractor que el cumplimiento de las normas infringidas.

3. En la determinación normativa del régimen sancionador, así como en la imposición de sanciones por las **Administraciones Públicas** se deberá observar la **debida idoneidad y necesidad** de la **sanción** a imponer y su **adecuación** a la gravedad del hecho constitutivo de la infracción. La **graduación de la sanción** considerará **especialmente** los siguientes criterios:

A) El **grado de culpabilidad** o la **existencia de intencionalidad**.

B) La **continuidad o persistencia en la conducta infractora**.

C) La **naturaleza de los perjuicios causados**.

D) La **reincidencia**, por comisión en el término de **1 año** de más de una infracción de la misma naturaleza cuando así haya sido declarado por resolución firme en vía administrativa.

4. Cuando lo **justifique** la **debida adecuación** entre la **sanción** que deba aplicarse con la gravedad del hecho constitutivo de la infracción y las **circunstancias** concurrentes, el órgano competente para **resolver podrá** imponer la sanción en el **grado inferior**.

5. Cuando de la comisión de una infracción **derive necesariamente la comisión de otra u otras**, se deberá imponer **únicamente** la sanción correspondiente a la infracción **más grave** cometida.

Notas:
_____
_____
_____
_____
_____

6. Será sancionable, como **infracción continuada**, la realización de una **pluralidad de acciones u omisiones** que infrinjan el **mismo o semejantes** preceptos administrativos, en ejecución de un plan preconcebido o aprovechando idéntica ocasión.

ARTÍCULO 30
PRESCRIPCIÓN

1. Las **infracciones y sanciones prescribirán** según lo dispuesto en **las leyes** que las establezcan. **Si éstas no** fijan plazos de prescripción, las infracciones muy graves prescribirán a los **3 años**, las graves a los **2 años** y las leves a los **6 meses**; las sanciones impuestas por faltas muy graves prescribirán a los **3 años**, las impuestas por faltas graves a los **2 años** y las impuestas por faltas leves **al año**.

2. **El plazo de prescripción de las infracciones** comenzará a contarse **desde el día en que la infracción se hubiera cometido**. En el caso de infracciones **continuadas o permanentes**, el plazo comenzará a correr **desde que finalizó la conducta infractora**.

Interrumpirá la prescripción la iniciación, con conocimiento del interesado, de un procedimiento administrativo de naturaleza sancionadora, reiniciándose el plazo de prescripción **si el expediente sancionador estuviera paralizado durante más de 1 mes** por causa no imputable al presunto responsable.

3. El **plazo de prescripción de las sanciones** comenzará a contarse **desde el día siguiente a aquel en que sea ejecutable la resolución** por la que se impone la sanción **o haya transcurrido el plazo para recurrirla**.

Interrumpirá la prescripción la iniciación, con conocimiento del interesado, del **procedimiento de ejecución**, volviendo a transcurrir el plazo **si aquél está paralizado durante más de 1** mes **por causa no imputable al infractor**.

En el **caso de desestimación presunta del recurso de alzada** interpuesto contra la resolución por la que se impone la sanción, el plazo de prescripción de la sanción **comenzará a contarse desde el día siguiente a aquel en que finalice el plazo legalmente previsto para la resolución de dicho recurso**.

ARTÍCULO 31
CONCURRENCIA DE SANCIONES

1. **No podrán sancionarse** los hechos que **lo hayan sido** penal o administrativamente, en los casos en que se aprecie **identidad** del **sujeto**, **hecho** y **fundamento**.

2. Cuando un órgano de la **Unión Europea** hubiera impuesto una sanción por los **mismos hechos**, y siempre que no concurra la identidad de sujeto y fundamento, el órgano competente para **resolver deberá tenerla en cuenta a efectos de graduar la que, en su caso, deba imponer, pudiendo minorarla, sin perjuicio de declarar la comisión de la infracción**.

CAPÍTULO IV
DE LA RESPONSABILIDAD PATRIMONIAL DE LAS ADMINISTRACIONES PÚBLICAS

SECCIÓN 1.ª
RESPONSABILIDAD PATRIMONIAL DE LAS ADMINISTRACIONES PÚBLICAS

ARTÍCULO 32
PRINCIPIOS DE LA RESPONSABILIDAD

1. Los **particulares tendrán derecho a ser indemnizados** por las **Administraciones Públicas** correspondientes, **de toda lesión que sufran en cualquiera de sus bienes y derechos**, siempre que la lesión **sea consecuencia del funcionamiento normal o anormal de los servicios públicos** salvo en los casos de fuerza mayor o de daños que el particular tenga el deber jurídico de soportar de acuerdo con **la Ley**.

La **anulación en vía administrativa o por el orden jurisdiccional** contencioso-administrativo de los actos o disposiciones administrativas **no presupone, por sí misma, derecho a la indemnización**.

2. En todo caso, el daño alegado habrá de ser **efectivo**, **evaluable** económicamente e **individualizado** con relación a una persona o grupo de personas.

3. Asimismo, los particulares **tendrán derecho** a ser indemnizados por las **Administraciones Públicas** de **toda lesión que sufran en sus bienes y derechos como consecuencia de la aplicación de actos legislativos de naturaleza no expropiatoria de derechos** que **no tengan** el deber jurídico de soportar cuando así se establezca en los propios actos legislativos y en los términos que en ellos se especifiquen.

La **responsabilidad del Estado legislador podrá surgir también** en los siguientes supuestos, siempre que concurran los requisitos previstos en los apartados anteriores:

A) Cuando los **daños deriven de la aplicación de una norma con rango de Ley declarada inconstitucional**, siempre que concurran los requisitos del apartado 4.

B) Cuando los **daños deriven de la aplicación de una norma contraria al Derecho de la Unión Europea**, de acuerdo con lo dispuesto en el apartado 5.

4. Si la lesión es consecuencia de la aplicación de una norma con rango de **Ley** declarada inconstitucional, **procederá** su **indemnización cuando el particular** haya obtenido, en cualquier instancia, sentencia firme desestimatoria de un recurso contra la actuación administrativa que ocasionó el daño, siempre que se hubiera alegado la inconstitucionalidad posteriormente declarada.

5. Si la lesión es consecuencia de la aplicación de una norma declarada contraria al Derecho de la Unión Europea, **procederá** su **indemnización cuando el particular** haya obtenido, en cualquier instancia, sentencia firme desestimatoria de un recurso contra la actuación administrativa que ocasionó el daño, siempre que se hubiera alegado la infracción del Derecho de la Unión Europea posteriormente declarada. Asimismo, deberán cumplirse todos los **requisitos** siguientes:

A) La **norma ha de tener por objeto conferir derechos a los particulares**.

B) El **incumplimiento** ha de estar **suficientemente caracterizado**.

C) Ha de existir una **relación de causalidad directa** entre el incumplimiento de la obligación impuesta a la Administración responsable por el Derecho de la Unión Europea y el daño sufrido por los particulares.

6. La sentencia que declare la inconstitucionalidad de la norma con rango de **Ley** o declare el carácter de norma contraria al Derecho de la Unión Europea **producirá efectos desde la fecha de su publicación** en el «**Boletín Oficial del Estado**» o en el «Diario Oficial de la Unión Europea», según el caso, **salvo que en ella se establezca otra cosa**.

7. La responsabilidad patrimonial del **Estado** por el funcionamiento de la **Administración de Justicia** se regirá por la **Ley Orgánica 6/1985, de 1 de julio**, del Poder Judicial.

8. El **Consejo de Ministros fijará** el **importe** de las **indemnizaciones** que proceda abonar **cuando el Tribunal Constitucional haya declarado**, a instancia de parte interesada, **la existencia de un funcionamiento anormal** en la **tramitación** de los **recursos** de **amparo** o de las **cuestiones** de **inconstitucionalidad**.

El **procedimiento para fijar el importe** de las indemnizaciones **se tramitará por el Ministerio de Justicia**, con **audiencia al Consejo de Estado**.

9. Se seguirá el procedimiento previsto en la **Ley del Procedimiento Administrativo Común de las Administraciones Públicas** para **determinar la responsabilidad de las Administraciones Públicas** por los daños y perjuicios causados a terceros durante la **ejecución de contratos** cuando sean consecuencia de una orden inmediata y directa de la Administración o de los **vicios del proyecto elaborado por ella misma** sin perjuicio de las especialidades que, en su caso establezca el **Real Decreto** Legislativo 3/2011, de 14 de noviembre, por el que se aprueba el texto refundido de la **Ley de Contratos del Sector Público**.

ARTÍCULO 33
RESPONSABILIDAD CONCURRENTE DE LAS ADMINISTRACIONES PÚBLICAS

1. Cuando de la gestión dimanante de **fórmulas conjuntas de actuación** entre varias **Administraciones Públicas se derive responsabilidad** en los **términos** previstos en la **presente Ley**, las Administraciones intervinientes **responderán frente al particular, en todo caso, de forma solidaria**. El **instrumento jurídico** regulador de la actuación conjunta **podrá determinar** la distribución de la **responsabilidad** entre las **diferentes Administraciones Públicas**.

2. En **otros supuestos de concurrencia de varias Administraciones en la producción del daño**, la responsabilidad se fijará para cada Administración **atendiendo a los criterios** de competencia, interés público tutelado e intensidad de la intervención. **La responsabilidad será solidaria cuando no sea posible dicha determinación.**

3. En los casos previstos en el apartado primero, **la Administración competente** para **incoar, instruir y resolver** los procedimientos en los que exista una responsabilidad concurrente de varias **Administraciones Públicas**, **será la fijada en los Estatutos o reglas de la organización colegiada. En su defecto**, la competencia vendrá atribuida a la Administración Pública **con mayor participación en la financiación del servicio**.

4. Cuando se trate de procedimientos en materia de responsabilidad patrimonial, la Administración Pública competente a la que se refiere el apartado anterior, **deberá consultar a las restantes Administraciones implicadas** para que, en el **plazo de 15 días**, éstas **puedan exponer cuanto consideren procedente**.

ARTÍCULO 34
INDEMNIZACIÓN

1. Sólo serán indemnizables las lesiones producidas al particular **provenientes de daños que éste no tenga el deber jurídico de soportar de acuerdo con la Ley**. **No serán indemnizables** los daños que se deriven de hechos o circunstancias que no se hubiesen podido prever o evitar según el **estado** de los conocimientos de la ciencia o de la técnica existentes en el momento de producción de aquéllos, todo ello sin perjuicio de las prestaciones asistenciales o económicas que las leyes puedan establecer para estos casos.

En los casos de responsabilidad patrimonial a los que se refieren los apartados 4 y 5 del artículo 32, serán indemnizables los daños producidos en el plazo de los **5 años anteriores a la fecha de la publicación de la sentencia** que declare la inconstitucionalidad de la norma con rango de **Ley** o el carácter de norma contraria al Derecho de la Unión Europea, **salvo que la sentencia disponga otra cosa**.

2. La indemnización se calculará con arreglo a los criterios de valoración establecidos en la legislación fiscal, de expropiación forzosa y demás normas aplicables, ponderándose, en su caso, las valoraciones predominantes en el mercado. En los casos de **muerte o lesiones corporales** se **podrá** tomar como referencia la valoración incluida en los **baremos de la normativa vigente en materia de Seguros obligatorios y de la Seguridad Social**.

3. La cuantía de la indemnización se calculará con referencia al día en que la lesión efectivamente se produjo, sin perjuicio de su actualización a la fecha en que se ponga fin al procedimiento de responsabilidad con arreglo al Índice de Garantía de la Competitividad, fijado por el Instituto Nacional de Estadística, **y de los intereses que procedan por demora en el pago de la indemnización fijada**, los cuales se exigirán con arreglo a lo establecido en la **Ley 47/2003, de 26 de noviembre**, General Presupuestaria, o, en su caso, a las normas presupuestarias de las **Comunidades Autónomas**.

4. La indemnización procedente **podrá sustituirse** por una **compensación en especie o ser abonada mediante pagos periódicos**, cuando **resulte más adecuado para lograr la reparación debida y convenga al interés público**, siempre que exista acuerdo con el interesado.

ARTÍCULO 35

RESPONSABILIDAD DE DERECHO PRIVADO

Cuando las **Administraciones Públicas actúen, directamente o a través de una entidad de Derecho Privado**, en relaciones de esta naturaleza, **su responsabilidad se exigirá de conformidad con lo previsto en los artículos 32 y siguientes, incluso** cuando concurra con sujetos de Derecho Privado o la responsabilidad se exija directamente a la entidad de Derecho Privado a través de la cual actúe la Administración o a la entidad que cubra su responsabilidad.

SECCIÓN 2.ª
RESPONSABILIDAD DE LAS AUTORIDADES Y PERSONAL AL SERVICIO DE LAS ADMINISTRACIONES PÚBLICAS

ARTÍCULO 36
EXIGENCIA DE LA RESPONSABILIDAD PATRIMONIAL DE LAS AUTORIDADES Y PERSONAL AL SERVICIO DE LAS ADMINISTRACIONES PÚBLICAS

1. Para hacer efectiva la responsabilidad patrimonial a que se refiere esta **Ley, los particulares exigirán directamente** a la Administración Pública correspondiente las **indemnizaciones por los daños y perjuicios** causados por las autoridades y personal a su servicio.

2. La Administración correspondiente, **cuando hubiere indemnizado a los lesionados, exigirá** de oficio en vía administrativa de sus autoridades y demás personal a su servicio **la responsabilidad en que hubieran incurrido por dolo, o culpa o negligencia graves, previa instrucción** del correspondiente procedimiento.

Para la **exigencia de dicha responsabilidad** y, en su caso, para su cuantificación, se ponderarán, entre otros, los siguientes **criterios:** el **resultado dañoso producido**, el **grado de culpabilidad**, la **responsabilidad profesional** del personal al servicio de las **Administraciones Públicas** y su **relación con la producción del resultado dañoso**.

3. Asimismo, la Administración **instruirá igual procedimiento a las autoridades y demás personal a su servicio por los daños y perjuicios causados en sus bienes o derechos cuando hubiera concurrido dolo, o culpa o negligencia graves**.

4. El procedimiento para la exigencia de la responsabilidad al que se refieren los apartados 2 y 3, se sustanciará conforme a lo dispuesto en la **Ley del Procedimiento Administrativo Común de las Administraciones Públicas** y se **iniciará por acuerdo del órgano competente** que se **notificará a los interesados** y que **constará, al menos, de los siguientes trámites**:

A) **Alegaciones** durante un plazo de **15 días**.

B) **Práctica de las pruebas admitidas** y cualesquiera otras que el órgano competente estime oportunas durante un plazo de **15 días**.

C) Audiencia durante un plazo de **10 días**.

D) Formulación de la propuesta de resolución en un plazo de **5 días** a contar desde la finalización del trámite de audiencia.

E) Resolución por el órgano competente en el plazo de **5 días**.

5. La resolución declaratoria de responsabilidad **pondrá fin a la vía administrativa**.

6. Lo dispuesto en los apartados anteriores, se entenderá sin perjuicio de pasar, si procede, el tanto de culpa a los Tribunales competentes.

ARTÍCULO 37
RESPONSABILIDAD PENAL

1. La responsabilidad **penal** del personal al servicio de las **Administraciones Públicas**, así como la responsabilidad civil derivada del delito se exigirá de acuerdo con lo previsto en la **legislación correspondiente**.

2. La exigencia de responsabilidad penal del personal al servicio de las **Administraciones Públicas no suspenderá** los procedimientos de reconocimiento de responsabilidad patrimonial que se instruyan, **salvo que la determinación de los hechos en el orden jurisdiccional penal sea necesaria para la fijación de la responsabilidad patrimonial**.

CAPÍTULO V
FUNCIONAMIENTO ELECTRÓNICO DEL SECTOR PÚBLICO

ARTÍCULO 38
LA SEDE ELECTRÓNICA

1. La sede electrónica **es aquella dirección electrónica**, disponible para los ciudadanos a través de redes de telecomunicaciones, cuya **titularidad corresponde a una Administración Pública**, o bien a una o varios organismos públicos o **entidades de Derecho Público en el ejercicio de sus competencias**.

2. El establecimiento de una sede electrónica conlleva la **responsabilidad del titular** respecto de la **integridad, veracidad y actualización de la información** y los servicios a los que pueda accederse a través de la misma.

3. Cada Administración Pública determinará las condiciones e instrumentos de creación de las sedes electrónicas, con sujeción a los principios de **transparencia, publicidad, responsabilidad, calidad, seguridad, disponibilidad, accesibilidad, neutralidad e interoperabilidad**. En todo caso **deberá garantizarse** la **identificación** del órgano titular de la sede, así como los medios disponibles para la formulación de **sugerencias y quejas**.

4. Las sedes electrónicas **dispondrán** de sistemas que permitan el establecimiento de **comunicaciones seguras** siempre que sean necesarias.

5. La publicación en las sedes electrónicas de informaciones, servicios y transacciones **respetará** los **principios de accesibilidad y uso** de acuerdo con las normas establecidas al respecto, estándares abiertos y, en su caso, aquellos otros que sean de uso generalizado por los ciudadanos.

6. Las sedes electrónicas **utilizarán**, para identificarse y garantizar una comunicación segura con las mismas, **certificados reconocidos o cualificados de autenticación de sitio web o medio equivalente**.

ARTÍCULO 39
PORTAL DE INTERNET

Se entiende por portal de Internet el **punto de acceso electrónico** cuya **titularidad** corresponda a una Administración Pública, organismo público o **entidad de Derecho Público** que **permite el acceso** a través de Internet a la **información publicada** y, en su caso, a la **sede electrónica** correspondiente.

ARTÍCULO 40
SISTEMAS DE IDENTIFICACIÓN DE LAS ADMINISTRACIONES PÚBLICAS

1. Las **Administraciones Públicas podrán identificarse** mediante el **uso de un sello electrónico** basado en un **certificado electrónico reconocido o cualificado** que reúna los requisitos exigidos por la legislación de firma electrónica. Estos certificados electrónicos **incluirán** el **número de identificación fiscal** y la **denominación** correspondiente, así como, en su caso, la **identidad de la persona titular** en el caso de los sellos electrónicos de órganos administrativos. La **relación** de sellos electrónicos utilizados por cada Administración Pública, incluyendo las características de los certificados electrónicos y los prestadores que los expiden, **deberá ser pública y accesible por medios electrónicos**. Además, cada Administración Pública adoptará las **medidas adecuadas** para facilitar la **verificación** de sus sellos electrónicos.

2. Se entenderá identificada la Administración Pública respecto de la información que se publique como propia en su portal de Internet.

ARTÍCULO 41
ACTUACIÓN ADMINISTRATIVA AUTOMATIZADA

1. Se entiende por actuación administrativa automatizada, cualquier **acto o actuación realizada íntegramente a través de medios electrónicos** por una Administración Pública en el **marco de un procedimiento administrativo** y en la que **no** haya **intervenido** de forma **directa** un **empleado público**.

2. En caso de actuación administrativa automatizada **deberá establecerse previamente el órgano u órganos competentes**, según los casos, para la **definición** de las especificaciones, **programación**, **mantenimiento**, **supervisión** y **control** de calidad y, en su caso, **auditoría** del sistema de información y de su código fuente. Asimismo, se indicará el **órgano** que debe ser considerado **responsable** a efectos de impugnación.

ARTÍCULO 42

SISTEMAS DE FIRMA PARA LA ACTUACIÓN ADMINISTRATIVA AUTOMATIZADA

En el ejercicio de la competencia en la actuación administrativa automatizada, cada Administración Pública **podrá determinar los supuestos de utilización** de los siguientes sistemas de firma electrónica:

A) **Sello electrónico** de Administración Pública, órgano, organismo público o **entidad de Derecho Público**, basado en certificado electrónico reconocido o cualificado que reúna los requisitos exigidos por la legislación de firma electrónica.

B) **Código seguro de verificación** vinculado a la Administración Pública, órgano, organismo público o **entidad de Derecho Público**, en los términos y condiciones establecidos, permitiéndose en todo caso la comprobación de la integridad del documento mediante el acceso a la sede electrónica correspondiente.

ARTÍCULO 43

FIRMA ELECTRÓNICA DEL PERSONAL AL SERVICIO DE LAS ADMINISTRACIONES PÚBLICAS

1. Sin perjuicio de lo previsto en los artículos 38, 41 y 42, la actuación de una Administración Pública, órgano, organismo público o **entidad de Derecho Público**, cuando utilice medios electrónicos, **se realizará mediante firma electrónica del titular del órgano o empleado público**.

2. Cada Administración Pública **determinará** los sistemas de firma electrónica que debe utilizar su personal, los cuales **podrán identificar de forma conjunta** al titular del puesto de trabajo o cargo y a la Administración u órgano en la que presta sus servicios. Por razones de seguridad pública los sistemas de firma electrónica **podrán referirse** sólo al número de identificación profesional del empleado público.

ARTÍCULO 44

INTERCAMBIO ELECTRÓNICO DE DATOS EN ENTORNOS CERRADOS DE COMUNICACIÓN

1. Los documentos electrónicos **transmitidos en entornos cerrados** de comunicaciones establecidos entre **Administraciones Públicas**, órganos, organismos públicos y **entidades de Derecho Público, serán considerados válidos** a efectos de **autenticación e identificación de los emisores y receptores** en las condiciones establecidas en este artículo.

Notas:

....
....
....
....
....

2. Cuando los participantes en las comunicaciones pertenezcan a una **misma Administración** Pública, ésta determinará las condiciones y garantías por las que se regirá que, al menos, comprenderá **la relación de emisores y receptores autorizados y la naturaleza de los datos a intercambiar**.

3. Cuando los participantes pertenezcan a **distintas Administraciones**, las condiciones y garantías citadas en el apartado anterior se establecerán mediante **convenio suscrito entre aquellas**.

4. En todo caso **deberá garantizarse** la **seguridad** del entorno cerrado de comunicaciones y la **protección de los datos** que se transmitan.

ARTÍCULO 45
ASEGURAMIENTO E INTEROPERABILIDAD DE LA FIRMA ELECTRÓNICA

1. Las **Administraciones Públicas podrán determinar los trámites e informes que incluyan firma electrónica reconocida o cualificada y avanzada** basada en certificados electrónicos reconocidos o cualificados de firma electrónica.

2. Con el fin de **favorecer la interoperabilidad** y posibilitar la verificación automática de la firma electrónica de los documentos electrónicos, cuando una Administración utilice sistemas de firma electrónica **distintos** de aquellos basados en certificado electrónico reconocido o cualificado, para remitir o poner a disposición de otros órganos, organismos públicos, **entidades de Derecho Público** o Administraciones la documentación firmada electrónicamente, **podrá superponer un sello electrónico** basado en un certificado electrónico reconocido o cualificado.

ARTÍCULO 46
ARCHIVO ELECTRÓNICO DE DOCUMENTOS

1. Todos los documentos utilizados en las actuaciones administrativas **se almacenarán por medios electrónicos, salvo cuando no sea posible**.

2. Los documentos electrónicos que contengan actos administrativos que **afecten a derechos o intereses de los particulares deberán conservarse** en soportes de esta naturaleza, ya sea en el mismo formato a partir del que se originó el documento o en otro cualquiera que asegure la identidad e integridad de la información necesaria para reproducirlo. Se asegurará en todo caso la posibilidad de trasladar los datos a otros formatos y soportes que garanticen el acceso desde diferentes aplicaciones.

3. Los medios o soportes en que se almacenen documentos, **deberán contar con medidas de seguridad**, de acuerdo con lo previsto en el Esquema Nacional de Seguridad, que garanticen **la integridad, autenticidad, confidencialidad, calidad, protección y conservación de los documentos almacenados**. En particular, **asegurarán** la **identificación** de los usuarios y el control de accesos, el **cumplimiento de las garantías** previstas en la legislación de protección de datos, así como la **recuperación y conservación a largo plazo** de los documentos electrónicos producidos por las **Administraciones Públicas** que así lo requieran, de acuerdo con las especificaciones sobre el ciclo de vida de los servicios y sistemas utilizados.

ARTÍCULO 46 BIS
UBICACIÓN DE LOS SISTEMAS DE INFORMACIÓN Y COMUNICACIONES PARA EL REGISTRO DE DATOS

Los **sistemas de información y comunicaciones** para la recogida, almacenamiento, procesamiento y gestión del censo electoral, los padrones municipales de habitantes y otros registros de población, datos fiscales relacionados con tributos propios o cedidos y datos de los usuarios del sistema nacional de salud, así como los correspondientes tratamientos de datos personales, deberán **ubicarse y prestarse** dentro del territorio de la **Unión Europea**.

Los datos a que se refiere el apartado anterior **no podrán** ser objeto de **transferencia** a un **tercer país u organización internacional**, **con excepción** de los que hayan sido objeto de una decisión de adecuación de la Comisión Europea o cuando así lo exija el cumplimiento de las obligaciones internacionales asumidas por el Reino de España.

CAPÍTULO VI
DE LOS CONVENIOS

ARTÍCULO 47
DEFINICIÓN Y TIPOS DE CONVENIOS

1. Son convenios **los acuerdos con efectos jurídicos** adoptados por las **Administraciones Públicas**, los organismos públicos y **entidades de Derecho Público** vinculados o dependientes o las Universidades públicas **entre sí o con sujetos de Derecho Privado para un fin común**.

No tienen la consideración de convenios, los **Protocolos Generales de Actuación** o instrumentos similares que comporten **meras declaraciones de intención** de contenido general o que **expresen la voluntad** de las Administraciones y partes suscriptoras para actuar con un objetivo común, siempre que **no supongan** la formalización de compromisos jurídicos concretos y exigibles.

Los convenios **no podrán tener por objeto** prestaciones propias de los contratos. En tal caso, su naturaleza y régimen jurídico se ajustará a lo previsto en la **legislación** de **contratos** del sector público.

2. Los **convenios** que suscriban las **Administraciones Públicas**, los **organismos públicos** y las **entidades de Derecho Público** vinculados o dependientes y las **Universidades públicas**, deberán corresponder a alguno de los siguientes **tipos**:

A) Convenios **interadministrativos** firmados entre dos o más **Administraciones Públicas**, o bien entre dos o más organismos públicos o **entidades de Derecho Público** vinculados o dependientes de distintas **Administraciones Públicas**, y que **podrán incluir** la utilización de medios, servicios y **recursos** de otra Administración Pública, organismo público o **entidad de Derecho Público** vinculado o dependiente, para el **ejercicio de competencias propias o delegadas**.

Quedan excluidos los **convenios interadministrativos** suscritos entre **dos o más Comunidades Autónomas** para la gestión y prestación de **servicios propios** de las mismas, que se regirán en cuanto a sus supuestos, requisitos y términos por lo previsto en sus respectivos **Estatutos** de autonomía.

B) Convenios **intradministrativos** firmados entre organismos públicos y **entidades de Derecho Público** vinculados o dependientes de una misma Administración Pública.

C) Convenios firmados entre una Administración **Pública** u organismo o **entidad de Derecho Público** y un sujeto de Derecho **Privado**.

D) Convenios **no constitutivos** ni de **Tratado internacional**, ni de **Acuerdo internacional administrativo**, ni de Acuerdo internacional **no normativo**, firmados entre las **Administraciones Públicas** y los órganos, organismos públicos o entes de un sujeto de Derecho internacional, que estarán sometidos al ordenamiento jurídico interno que **determinen** las partes.

ARTÍCULO 48
REQUISITOS DE VALIDEZ Y EFICACIA DE LOS CONVENIOS

1. Las **Administraciones Públicas**, sus organismos públicos y **entidades de Derecho Público** vinculados o dependientes y las Universidades públicas, en el ámbito de sus respectivas competencias, podrán suscribir convenios con sujetos de Derecho Público y Privado, **sin** que ello pueda suponer **cesión** de la **titularidad** de la competencia.

2. En el ámbito de la **Administración General del Estado** y sus organismos públicos y **entidades de Derecho Público** vinculados o dependientes, **podrán celebrar convenios** los titulares de los Departamentos Ministeriales y los Presidentes o Directores de las dichas entidades y organismos públicos.

3. La suscripción de convenios **deberá mejorar** la **eficiencia** de la gestión pública, **facilitar** la **utilización conjunta** de medios y servicios públicos, **contribuir** a la **realización** de actividades de utilidad pública y **cumplir** con la **legislación** de estabilidad presupuestaria y sostenibilidad financiera.

4. La **gestión**, **justificación** y **resto de actuaciones** relacionadas con los gastos derivados de los convenios que incluyan compromisos financieros para la Administración Pública o cualquiera de sus organismos públicos o **entidades de Derecho Público** vinculados o dependientes que lo suscriban, así como con los fondos comprometidos en virtud de dichos convenios, **se ajustarán** a lo dispuesto en la **legislación presupuestaria**.

5. Los convenios que incluyan **compromisos financieros** deberán ser **financieramente sostenibles**, debiendo quienes los suscriban tener **capacidad** para financiar los asumidos durante la vigencia del convenio.

6. Las aportaciones financieras que se comprometan a realizar los firmantes **no** podrán ser **superiores** a los **gastos derivados** de la ejecución del convenio.

7. Cuando el convenio instrumente una **subvención** deberá cumplir con lo previsto en la **Ley 38/2003, de 17 de noviembre**, General de Subvenciones y en la normativa autonómica de desarrollo que, en su caso, resulte aplicable.

Asimismo, cuando el convenio tenga por objeto la **delegación de competencias en una Entidad Local**, deberá cumplir con lo dispuesto en la **Ley 7/1985, de 2 de abril**, Reguladora de las Bases del Régimen Local.

8. Los convenios **se perfeccionan** por la **prestación del consentimiento** de las partes.

Los convenios suscritos por la **Administración General del Estado** o alguno de sus organismos públicos o **entidades de Derecho Público** vinculados o dependientes resultarán **eficaces** una vez **inscritos**, en el plazo de **5 días hábiles** desde su formalización, en el **Registro Electrónico estatal de Órganos e Instrumentos de Cooperación del sector público estatal**, al que se refiere la disposición adicional séptima. Asimismo, serán **publicados** en el plazo de **10 días hábiles** desde su formalización en el «**Boletín Oficial del Estado**», sin perjuicio de su publicación facultativa en el Boletín Oficial de la Comunidad Autónoma o de la provincia que corresponda a la otra Administración firmante.

9. Las normas del presente Capítulo **no** serán **de aplicación** a las **encomiendas** de **gestión** y los **acuerdos de terminación convencional** de los procedimientos administrativos.

ARTÍCULO 49
CONTENIDO DE LOS CONVENIOS

Los convenios a los que se refiere el apartado 1 del artículo anterior deberán **incluir**, al menos, las siguientes **materias**:

A) **Sujetos** que **suscriben** el convenio y la **capacidad jurídica** con que actúa cada una de las partes.

B) La **competencia** en la que se **fundamenta la actuación** de la Administración Pública, de los organismos públicos y las **entidades de Derecho Público** vinculados o dependientes de ella o de las Universidades públicas.

C) **Objeto** del convenio y **actuaciones** a realizar por cada sujeto para su cumplimiento, indicando, en su caso, la titularidad de los resultados obtenidos.

D) **Obligaciones** y **compromisos económicos asumidos** por cada una de las partes, si los hubiera, indicando su **distribución temporal** por anualidades y su **imputación concreta** al presupuesto correspondiente de acuerdo con lo previsto en la legislación presupuestaria.

E) **Consecuencias aplicables** en caso de incumplimiento de las obligaciones y **compromisos asumidos** por cada una de las partes y, en su caso, los **criterios** para determinar la **posible indemnización** por el incumplimiento.

F) **Mecanismos** de **seguimiento**, **vigilancia** y **control** de la ejecución del convenio y de los **compromisos** adquiridos por los firmantes. Este mecanismo **resolverá** los **problemas** de **interpretación** y **cumplimiento** que puedan plantearse respecto de los convenios.

G) El **régimen de modificación** del convenio. **A falta de regulación expresa** la modificación del contenido del convenio requerirá **acuerdo unánime** de los firmantes.

H) Plazo de vigencia del convenio teniendo en cuenta las siguientes **reglas**:

1ª Los convenios deberán tener una **duración determinada**, que **no podrá** ser **superior** a **4 años**, **salvo** que normativamente se prevea un plazo superior.

2ª En cualquier momento antes de la finalización del plazo previsto en el apartado anterior, los firmantes del convenio podrán acordar **unánimemente** su prórroga por un período de **hasta 4 años** adicionales o su extinción.

En el caso de convenios suscritos por la **Administración General del Estado** o alguno de sus organismos públicos y **entidades de Derecho Público** vinculados o dependientes, esta **prórroga** deberá ser **comunicada** al **Registro Electrónico estatal** de Órganos e Instrumentos de Cooperación al que se refiere la disposición adicional séptima.

ARTÍCULO 50
TRÁMITES PRECEPTIVOS PARA LA SUSCRIPCIÓN DE CONVENIOS Y SUS EFECTOS

1. Sin perjuicio de las especialidades que la legislación autonómica pueda prever, será necesario que el convenio se acompañe de una **memoria justificativa** donde **se analice** su **necesidad** y **oportunidad**, su **impacto económico**, el **carácter no contractual** de la actividad en cuestión, así como el **cumplimiento** de lo previsto en **esta Ley**.

2. Los convenios que suscriba la Administración General del **Estado** o sus organismos públicos y entidades de Derecho Público vinculados o dependientes se acompañarán **además de**:

A) El **informe de su servicio jurídico**, que deberá emitirse en un plazo máximo de **7 días hábiles** desde su solicitud, transcurridos los cuales se continuará la tramitación. En todo caso, dicho informe deberá emitirse e incorporarse al expediente antes de proceder al perfeccionamiento del convenio. **No será necesario** solicitar este informe cuando el convenio se ajuste a un **modelo normalizado informado previamente** por el **servicio jurídico** que corresponda.

B) Cualquier **otro** informe **preceptivo** que establezca la **normativa aplicable**, que deberá emitirse en un plazo máximo de **7 días hábiles** desde su solicitud, transcurridos los cuales se continuará la tramitación. En cualquier caso, deberán emitirse e incorporarse al expediente todos los informes preceptivos antes de proceder al perfeccionamiento del convenio.

C) La **autorización previa** del **Ministerio de Hacienda y Función Pública** para su **firma, modificación, prórroga** y **resolución** por mutuo acuerdo entre las partes, que deberá emitirse en un plazo máximo de **7 días hábiles** desde la solicitud, transcurridos los cuales se continuará la tramitación. En todo caso dicha autorización deberá emitirse e incorporarse al expediente **antes de proceder al perfeccionamiento** del convenio.

Cuando el convenio a suscribir esté excepcionado de la autorización a la que se refiere el párrafo anterior, también lo estará del informe del **Ministerio de Política Territorial**.

No obstante, en todo caso, será preceptivo el informe del **Ministerio de Política Territorial**, respecto de los convenios que se suscriban entre la **Administración General del Estado** y sus organismos públicos y entidades de Derecho Público vinculados o dependientes, con las Comunidades Autónomas o con Entidades Locales o con sus organismos públicos y entidades de Derecho Público vinculados o dependientes, en los casos siguientes:

1. Convenios cuyo objeto sea la **cesión o adquisición de la titularidad de infraestructuras** por la Administración General del Estado.

2. Convenios que tengan por objeto la **creación de consorcios** previstos en el artículo 123 de esta Ley.

D) Cuando los convenios **plurianuales** suscritos entre **Administraciones Públicas** incluyan **aportaciones** de fondos por parte del **Estado** para financiar actuaciones a **ejecutar exclusivamente** por parte de **otra Administración Pública** y el Estado asuma, en el ámbito de sus competencias, los compromisos frente a terceros, la aportación del Estado de anualidades futuras estará **condicionada** a la existencia de **crédito** en los correspondientes presupuestos.

E) Los convenios **interadministrativos** suscritos con las Comunidades Autónomas serán **remitidos** al **Senado por el Ministerio de Política Territorial**.

ARTÍCULO 51
EXTINCIÓN DE LOS CONVENIOS

1. Los convenios se extinguen por el **cumplimiento de las actuaciones** que constituyen su objeto o por incurrir en **causa de resolución**.

2. Son **causas de resolución**:

A) El **transcurso** del plazo de vigencia del convenio sin haberse acordado la prórroga del mismo.

B) El **acuerdo** unánime de todos los firmantes.

C) El **incumplimiento de las obligaciones y compromisos** asumidos por parte de alguno de los firmantes.

En este caso, **cualquiera de las partes podrá notificar a la parte incumplidora** un **requerimiento** para que cumpla en un determinado **plazo** con las obligaciones o compromisos que se consideran incumplidos. Este requerimiento será **comunicado** al **responsable** del mecanismo de seguimiento, vigilancia y control de la ejecución del convenio y a las demás partes firmantes.

Si **trascurrido** el plazo indicado en el requerimiento persistiera el **incumplimiento**, la parte que lo dirigió **notificará** a las partes firmantes la concurrencia de la causa de resolución y se entenderá **resuelto** el convenio. La resolución del convenio por esta causa podrá conllevar la indemnización de los perjuicios causados si así se hubiera previsto.

D) Por **decisión judicial** declaratoria de la nulidad del convenio.

E) Por cualquier **otra causa distinta** de las anteriores prevista en el convenio o en otras leyes.

ARTÍCULO 52
EFECTOS DE LA RESOLUCIÓN DE LOS CONVENIOS

1. El cumplimiento y la resolución de los convenios dará lugar a la **liquidación** de los mismos con el objeto de **determinar** las **obligaciones** y **compromisos** de cada una de las partes.

2. En el supuesto de convenios de los que deriven **compromisos financieros**, se entenderán cumplidos cuando su objeto se haya realizado en los términos y a satisfacción de ambas partes, de acuerdo con sus respectivas competencias, teniendo en cuenta las siguientes **reglas**:

A) Si de la liquidación resultara que el importe de las actuaciones ejecutadas por alguna de las partes fuera **inferior** a los fondos que la misma hubiera recibido del resto de partes del convenio para financiar dicha ejecución, aquella deberá **reintegrar** a estas el **exceso** que corresponda a cada una, **en el plazo máximo de 1 mes desde que se hubiera aprobado la liquidación**.

Transcurrido el plazo máximo de 1 mes, mencionado en el párrafo anterior, sin que se haya producido el **reintegro**, se deberá abonar a dichas partes, **también en el plazo de 1 mes a contar desde ese momento**, el interés de demora aplicable al citado reintegro, que será en todo caso el que resulte de las disposiciones de carácter general reguladoras del gasto público y de la actividad económico-financiera del sector público.

B) Si fuera **superior**, el resto de partes del convenio, **en el plazo de 1 mes desde la aprobación de la liquidación**, deberá abonar a la parte de que se trate la diferencia que corresponda a cada una de ellas, con el **límite máximo** de las cantidades que cada una de ellas se hubiera comprometido a aportar en virtud del convenio. **En ningún caso** las partes del convenio tendrán derecho a exigir al resto **cuantía** alguna que **supere** los citados límites máximos.

3. No obstante lo anterior, si cuando concurra cualquiera de las causas de resolución del convenio existen **actuaciones en curso de ejecución**, las partes, a **propuesta** de la comisión de seguimiento, vigilancia y control del convenio o, en su defecto, del responsable del mecanismo a que hace referencia la letra *f)* del artículo 49, podrán acordar la **continuación y finalización** de las actuaciones en curso que consideren oportunas, estableciendo un **plazo improrrogable** para su finalización, transcurrido el cual deberá realizarse la liquidación de las mismas en los términos establecidos en el apartado anterior.

ARTÍCULO 53
REMISIÓN DE CONVENIOS AL TRIBUNAL DE CUENTAS

1. Dentro de los **3 meses** siguientes a la suscripción de cualquier convenio cuyos compromisos económicos asumidos superen los **600.000€**, estos deberán **remitirse electrónicamente** al **Tribunal de Cuentas** u órgano externo de fiscalización de la Comunidad Autónoma, según corresponda.

2. Igualmente se comunicarán al Tribunal de Cuentas u órgano externo de fiscalización de la Comunidad Autónoma, según corresponda, las **modificaciones**, **prórrogas** o **variaciones** de plazos, **alteración** de los importes de los compromisos económicos asumidos y la **extinción** de los convenios indicados.

3. Lo dispuesto en los apartados anteriores se entenderá **sin perjuicio de las facultades** del **Tribunal de Cuentas** o, en su caso, de los correspondientes órganos de fiscalización externos de las **Comunidades Autónomas**, para **reclamar** cuantos datos, documentos y antecedentes estime pertinentes con relación a los contratos de cualquier naturaleza y cuantía.

Notas:

AGE

TÍTULO
01

Administración

ARTÍCULO 54

PRINCIPIOS Y COMPETENCIAS DE ORGANIZACIÓN Y FUNCIONAMIENTO DE LA ADMINISTRACIÓN GENERAL DEL ESTADO

1. La **Administración General del Estado actúa y se organiza** de acuerdo con los **principios** establecidos en el artículo 3, así como los de **descentralización** funcional y **desconcentración** funcional y territorial.

Asimismo, garantizará el principio de presencia equilibrada de mujeres y hombres en los nombramientos y designaciones de las personas titulares de los órganos superiores y directivos y en el personal de alta dirección de las entidades del sector público institucional estatal, de acuerdo con lo establecido en los artículos 55 bis y 84 bis.

2. Las **competencias** en materia de **organización administrativa, régimen de personal, procedimientos e inspección de servicios,** no atribuidas específicamente conforme a una **Ley** a ningún otro órgano de la **Administración General del Estado**, ni al **Gobierno**, corresponderán al Ministerio **de Hacienda y Administraciones Públicas.**

ARTÍCULO 55

ESTRUCTURA DE LA ADMINISTRACIÓN GENERAL DEL ESTADO

1. La organización de la **Administración General del Estado** responde a los **principios** de **división funcional** en Departamentos ministeriales y de **gestión territorial integrada** en Delegaciones del **Gobierno** en las **Comunidades Autónomas**, salvo las excepciones previstas por esta **Ley**.

2. La **Administración General del Estado comprende**:

A) La Organización **Central**, que integra los Ministerios y los servicios comunes.

B) La Organización **Territorial**.

C) La **Administración General del Estado** en el exterior.

3. En la organización central son **órganos superiores y órganos directivos**:

A) Órganos **superiores**:

1º Los **Ministros**.

2º Los **Secretarios de Estado**.

B) Órganos **directivos**:

1º Los **Subsecretarios** y **Secretarios generales**.

2º Los **Secretarios generales técnicos** y **Directores generales**.

3º Los **Subdirectores generales**.

4. En la organización **territorial** de la **Administración General del Estado** son órganos **directivos** tanto los **Delegados del Gobierno** en las **Comunidades Autónomas**, que tendrán rango de Subsecretario, como los **Subdelegados del Gobierno** en las provincias, los cuales tendrán nivel de Subdirector general.

5. En la **Administración General del Estado en el exterior son órganos directivos** los embajadores y representantes permanentes ante Organizaciones internacionales.

6. Los órganos **superiores y directivos** tienen además la **condición** de **alto cargo**, **excepto** los **Subdirectores generales y asimilados**, de acuerdo con lo previsto en la **Ley 3/2015, de 30 de marzo**, reguladora del ejercicio del alto cargo de la **Administración General del Estado**.

7. Todos los demás órganos de la **Administración General del Estado** se encuentran bajo la **dependencia** o **dirección** de un órgano superior o directivo.

8. Los estatutos de los **Organismos públicos determinarán** sus respectivos órganos directivos.

9. Corresponde a los órganos **superiores establecer** los planes de actuación de la organización situada bajo su responsabilidad y a los órganos **directivos** su **desarrollo** y **ejecución**.

10. Los **Ministros** y **Secretarios de Estado son nombrados** de acuerdo con lo establecido en la **Ley 50/1997, de 27 de noviembre**, del **Gobierno** y en la **Ley 3/2015, de 30 de marzo**, reguladora del ejercicio del alto cargo de la **Administración General del Estado**.

11. Sin perjuicio de lo previsto en la **Ley 3/2015, de 30 de marzo**, reguladora del ejercicio del alto cargo de la **Administración General del Estado**, los titulares de los órganos **superiores** y **directivos** son **nombrados**, atendiendo a criterios de competencia profesional y experiencia, en la forma establecida en esta **Ley**, siendo **de aplicación** al desempeño de sus funciones:

A) La **responsabilidad profesional**, **personal** y **directa** por la gestión desarrollada.

B) La **sujeción** al **control** y **evaluación** de la gestión por el órgano superior o directivo competente, sin perjuicio del control establecido por la **Ley General Presupuestaria**.

ARTÍCULO 55 BIS

PRESENCIA EQUILIBRADA DE MUJERES Y HOMBRES EN LOS ÓRGANOS SUPERIORES Y DIRECTIVOS DE LA ADMINISTRACIÓN GENERAL DEL ESTADO

Las personas **titulares** de las Secretarías de Estado y de los órganos directivos de la Administración General del Estado se nombrarán atendiendo al principio de representación equilibrada entre mujeres y hombres, de tal manera que las personas de cada sexo **no superen el 60%** ni sean **menos del 40%** en el ámbito de cada departamento ministerial.

ARTÍCULO 56
ELEMENTOS ORGANIZATIVOS BÁSICOS

1. Las **unidades administrativas** son los **elementos organizativos básicos** de las **estructuras orgánicas**. Las unidades **comprenden puestos de trabajo o dotaciones** de **plantilla vinculados funcionalmente** por razón de sus cometidos y **orgánicamente** por una jefatura común. Pueden existir unidades administrativas complejas, que agrupen dos o más unidades menores.

2. Los **jefes de las unidades administrativas** son responsables del correcto **funcionamiento** de la unidad y de la adecuada **ejecución** de las tareas asignadas a la misma.

3. Las unidades administrativas **se establecen mediante** las **relaciones de puestos de trabajo**, que se aprobarán de acuerdo con su regulación específica, **y se integran** en un **determinado órgano**.

CAPÍTULO II
LOS MINISTERIOS Y SU ESTRUCTURA INTERNA

ARTÍCULO 57
LOS MINISTERIOS

1. La **Administración General del Estado se organiza** en **Presidencia del Gobierno y en Ministerios**, comprendiendo a cada uno de ellos **uno o varios sectores funcionalmente homogéneos** de actividad administrativa.

2. La organización en Departamentos ministeriales no obsta a la existencia de **órganos superiores o directivos u Organismos públicos no integrados o dependientes**, respectivamente, en la estructura general del **Ministerio** que con **carácter excepcional** se adscriban directamente al **Ministro**.

3. La **determinación** del **número**, la **denominación** y el **ámbito de competencia** respectivo de los Ministerios y las Secretarías de **Estado se establecen** mediante **Real Decreto del Presidente del Gobierno**.

Notas:

ARTÍCULO 58
ORGANIZACIÓN INTERNA DE LOS MINISTERIOS

1. En los Ministerios **pueden existir Secretarías de Estado**, y **Secretarías Generales**, para la **gestión de un sector** de actividad administrativa. De ellas dependerán jerárquicamente los órganos directivos que se les adscriban.

2. Los Ministerios **contarán**, **en todo caso**, con una **Subsecretaría**, y dependiendo de ella una **Secretaría General Técnica**, para la gestión de los servicios comunes previstos en este Título.

3. Las Direcciones Generales son los órganos de gestión de una o varias áreas funcionalmente homogéneas.

4. Las Direcciones Generales se organizan en Subdirecciones Generales para la distribución de las competencias encomendadas a aquéllas, la realización de las actividades que les son propias y la asignación de objetivos y responsabilidades. Sin perjuicio de lo anterior, **podrán adscribirse** directamente Subdirecciones Generales a otros órganos directivos de mayor nivel o a órganos superiores del Ministerio.

ARTÍCULO 59
CREACIÓN, MODIFICACIÓN Y SUPRESIÓN DE ÓRGANOS Y UNIDADES ADMINISTRATIVAS

1. Las Subsecretarías, las Secretarías Generales, las Secretarías Generales Técnicas, las Direcciones Generales, las Subdirecciones Generales, y órganos similares a los anteriores **se crean**, **modifican** y **suprimen** por **Real Decreto** del **Consejo de Ministros**, a **iniciativa** del **Ministro** interesado y a **propuesta** del Ministro de Hacienda y **Administraciones Públicas**.

2. Los **órganos de nivel inferior a Subdirección General** se crean, modifican y suprimen por **orden del Ministro** respectivo, **previa autorización** del **Ministro** de Hacienda y **Administraciones Públicas**.

3. Las unidades que no tengan la consideración de órganos se crean, modifican y suprimen a través de las **relaciones de puestos de trabajo**.

ARTÍCULO 60
ORDENACIÓN JERÁRQUICA DE LOS ÓRGANOS MINISTERIALES

1. Los **Ministros** son los **jefes superiores** del Departamento y **superiores jerárquicos directos** de los Secretarios de **Estado** y Subsecretarios.

2. Los órganos directivos dependen de alguno de los anteriores y se **ordenan jerárquicamente** entre sí de la siguiente forma: Subsecretario, Director general y Subdirector general.

Los **Secretarios generales tienen categoría de Subsecretario** y los **Secretarios Generales Técnicos** tienen categoría de **Director general**.

ARTÍCULO 61
LOS MINISTROS

Los **Ministros**, como **titulares** del departamento sobre el que ejercen su competencia, **dirigen** los sectores de actividad administrativa integrados en su **Ministerio**, y asumen la **responsabilidad** inherente a dicha dirección. A tal fin, les corresponden las siguientes **funciones**:

A) **Ejercer la potestad reglamentaria** en las materias propias de su Departamento.

B) **Fijar** los objetivos del **Ministerio**, **Aprobar** los planes de actuación del mismo y **asignar** los **recursos** necesarios para su ejecución, dentro de los límites de las dotaciones presupuestarias correspondientes.

C) **Aprobar** las propuestas de los estados de gastos del **Ministerio**, y de los presupuestos de los Organismos públicos dependientes y **remitirlas** al **Ministerio** de Hacienda y **Administraciones Públicas**.

D) **Determinar** y, en su caso, **proponer** la organización interna de su **Ministerio**, de acuerdo con las competencias que le atribuye esta **Ley**.

E) **Evaluar la realización de los planes de actuación** del **Ministerio** por parte de los órganos superiores y órganos directivos y **ejercer el control de eficacia** respecto de la actuación de dichos órganos y de los Organismos públicos dependientes, sin perjuicio de lo dispuesto en la **Ley 47/2003, de 26 de noviembre**, General Presupuestaria.

F) **Nombrar** y **separar** a los **titulares de los órganos** directivos del **Ministerio** y de los Organismos públicos o **entidades de Derecho Público** dependientes del mismo, cuando la competencia no esté atribuida al **Consejo de Ministros**, a otro órgano o al propio organismo, así como **elevar a aquél las propuestas de nombramientos** que le estén reservadas de órganos directivos del **Ministerio** y de los Organismos Públicos dependientes del mismo.

G) **Autorizar las comisiones de servicio** con derecho a indemnización por cuantía exacta para altos cargos dependientes del **Ministro**.

H) **Mantener las relaciones con las Comunidades Autónomas y convocar** las Conferencias sectoriales y los órganos de cooperación en el ámbito de las competencias atribuidas a su Departamento.

I) **Dirigir la actuación** de los titulares de los órganos superiores y directivos del **Ministerio**, **impartirles instrucciones concretas y delegarles competencias propias**.

J) **Revisar de oficio** los actos administrativos y **resolver los conflictos de atribuciones** cuando les corresponda, así como **plantear los que procedan con otros Ministerios**.

K) **Celebrar** en el ámbito de su competencia, **contratos y convenios**, sin perjuicio de la **autorización** del **Consejo de Ministros** cuando sea preceptiva.

L) **Administrar** los créditos para gastos de los presupuestos del **Ministerio**, **aprobar** y **comprometer los gastos** que no sean de la competencia del **Consejo de Ministros**, **aprobar las modificaciones presupuestarias** que sean de su competencia, **reconocer** las **obligaciones económicas** y **proponer su pago** en el marco del plan de disposición de fondos del Tesoro Público, así como **fijar los límites** por debajo de los cuales estas competencias corresponderán, en su ámbito respectivo, a los Secretarios de **Estado** y Subsecretario del departamento. corresponderá al **Ministro elevar** al **Consejo de Ministros**, para su aprobación, las modificaciones presupuestarias que sean de la competencia de éste.

M) Decidir la representación del Ministerio en los órganos colegiados o grupos de trabajo en los que no esté previamente determinado el titular del órgano superior o directivo que deba representar al Departamento.

N) Remitir la documentación a su Departamento necesaria para la **elaboración de la Cuenta General del Estado**, en los términos previstos en la **Ley 47/2003, 26 de noviembre**.

Ñ) Resolver de los recursos administrativos y **declarar la lesividad de los actos administrativos** cuando les corresponda.

O) Otorgar premios y recompensas propios del Departamento y **proponer** las que corresponda según sus normas reguladoras.

P) Conceder subvenciones y ayudas con cargo a los créditos de gasto propios del Departamento, así como **fijar los límites** por debajo de los cuales podrán ser otorgadas por los Secretarios de **Estado** o el Subsecretario del Departamento.

Q) Proponer y ejecutar, en el ámbito de su competencia, los **Planes de Empleo** del Departamento y de los organismos públicos de él dependientes.

R) Modificar las Relaciones de Puestos de Trabajo en los casos en que esa competencia esté delegada en el propio departamento o **proponer** al **Ministerio de Hacienda y Administraciones Públicas** las que sean de competencia de este último.

S) Imponer la sanción de separación del servicio por faltas muy graves.

T) Ejercer cuantas otras competencias les atribuyan las leyes, las normas de organización y funcionamiento del **Gobierno** y cualesquiera otras disposiciones.

ARTÍCULO 62
LOS SECRETARIOS DE ESTADO

1. Los Secretarios de **Estado** son **directamente responsables de la ejecución de la acción del Gobierno en un sector de actividad específica**.

Asimismo, **podrán ostentar por delegación expresa** de sus respectivos **Ministros la representación** de estos en materias propias de su competencia, incluidas aquellas con proyección internacional, sin perjuicio, en todo caso, de las normas que rigen las relaciones de España con otros Estados y con las Organizaciones internacionales.

2. Los Secretarios de **Estado dirigen y coordinan las Secretarías y las Direcciones Generales situadas bajo su dependencia**, y **responden** ante el **Ministro** de la ejecución de los objetivos fijados para la Secretaría de **Estado**. A tal fin les corresponde:

A) Ejercer las competencias sobre el sector de actividad administrativa asignado que les atribuya la norma de creación del órgano o que les delegue el **Ministro** y **desempeñar** las relaciones externas de la Secretaría de **Estado**, salvo en los casos legalmente reservados al **Ministro**.

B) Ejercer las competencias inherentes a su responsabilidad de dirección y, en particular, impulsar la consecución de los objetivos y la ejecución de los proyectos de su organización, controlando su cumplimiento, supervisando la actividad de los órganos directivos adscritos e impartiendo instrucciones a sus titulares.

C) Nombrar y separar a los Subdirectores Generales de la Secretaría de **Estado**.

D) Mantener las relaciones con los órganos de las **Comunidades Autónomas** competentes por razón de la materia.

E) La **autorización previa para contratar** a los Organismos Autónomos adscritos a la Secretaría de **Estado, por encima de una cuantía determinada**, según lo previsto en la disposición transitoria tercera del **Real Decreto** Legislativo 3/2011, de 14 de noviembre por el que se aprueba el Texto Refundido de la **Ley de Contratos del Sector Público**.

F) Autorizar las comisiones de servicio con derecho a indemnización por cuantía exacta para los altos cargos dependientes de la Secretaría de **Estado**.

G) Celebrar contratos relativos a asuntos de su Secretaría de **Estado y los convenios** no reservados al **Ministro** del que dependan, sin perjuicio de la correspondiente **autorización** cuando sea preceptiva.

H) Conceder subvenciones y ayudas con cargo a los créditos de gasto propios de la Secretaría de **Estado**, con los límites establecidos por el titular del Departamento.

I) Resolver los recursos que se interpongan contra las resoluciones de los órganos directivos que dependan directamente de él y cuyos actos no agoten la vía administrativa, así como los **conflictos de atribuciones** que se susciten entre dichos órganos.

J) Administrar los créditos para gastos de los presupuestos del **Ministerio** por su materia propios de la Secretaría de **Estado, aprobar** las modificaciones presupuestarias de los mismos, **aprobar** y **comprometer** los gastos con cargo a aquellos créditos y **reconocer** las obligaciones económicas y proponer su pago en el marco del plan de disposición de fondos del Tesoro Público. Todo ello dentro de la cuantía que, en su caso, establezca el **Ministro** al efecto y siempre que los referidos actos no sean competencia del **Consejo de Ministros**.

K) Cualesquiera otras competencias que les atribuya la legislación en vigor.

Notas:

ARTÍCULO 63

LOS SUBSECRETARIOS

1. Los Subsecretarios ostentan la **representación** ordinaria del **Ministerio**, **dirigen** los servicios comunes, **ejercen** las competencias correspondientes a dichos servicios comunes y, en todo caso, las siguientes:

A) Apoyar a los órganos superiores en la planificación de la actividad del **Ministerio**, a través del correspondiente **asesoramiento técnico**.

B) Asistir al **Ministro** en el **control de eficacia** del **Ministerio** y sus Organismos públicos.

C) Establecer los **programas de inspección** de los servicios del **Ministerio**, así como **determinar las actuaciones precisas** para la mejora de los sistemas de planificación, dirección y organización y para la racionalización y simplificación de los procedimientos y métodos de trabajo, en el marco definido por el **Ministerio de Hacienda y Administraciones Públicas**.

D) Proponer las **medidas de organización** del **Ministerio** y **dirigir el funcionamiento** de los servicios comunes a través de las correspondientes **instrucciones u órdenes de servicio**.

E) Asistir a los órganos superiores en materia de relaciones de puestos de trabajo, planes de empleo y política de directivos del **Ministerio** y sus Organismos públicos, así como en la elaboración, ejecución y seguimiento de los presupuestos y la planificación de los sistemas de información y comunicación.

F) Desempeñar la **jefatura superior** de todo el personal del Departamento.

G) Responsabilizarse del asesoramiento jurídico al Ministro en el desarrollo de las funciones que a éste le corresponden y, en particular, en el ejercicio de su potestad normativa y en la producción de los actos administrativos de la competencia de aquél, así como a los demás órganos del **Ministerio**.

En los mismos términos del párrafo anterior, **informar** las propuestas o proyectos de normas y actos de otros Ministerios, cuando reglamentariamente proceda.

A tales efectos, el Subsecretario será **responsable de coordinar** las actuaciones correspondientes dentro del **Ministerio** y en relación con los demás Ministerios que hayan de intervenir en el procedimiento.

H) Ejercer las facultades de dirección, impulso y supervisión de la Secretaría General Técnica y los restantes órganos directivos que dependan directamente de él.

I) Administrar los créditos para gastos de los presupuestos del **Ministerio** por su materia propios de la Subsecretaría, **aprobar** las modificaciones presupuestarias de los mismos, **aprobar** y comprometer los gastos con cargo a aquellos créditos y **reconocer** las obligaciones económicas y proponer su pago en el marco del plan de disposición de fondos del Tesoro Público. Todo ello dentro de la cuantía que, en su caso, establezca el **Ministro** al efecto y siempre que los referidos actos no sean competencia del **Consejo de Ministros**.

CINTHIA MOURE

J) **Conceder** subvenciones y ayudas con cargo a los créditos de gasto propios del **Ministerio** con los límites establecidos por el titular del Departamento.

K) **Solicitar** del **Ministerio de Hacienda y Administraciones Públicas** la **afectación o el arrendamiento de los inmuebles** necesarios para el cumplimiento de los fines de los servicios a cargo del Departamento.

L) **Nombrar y cesar** a los Subdirectores y asimilados dependientes de la Subsecretaría, al resto de personal de libre designación y al personal eventual del Departamento.

M) **Convocar y resolver** **pruebas selectivas** de personal **funcionario** y **laboral**.

N) **Convocar y resolver** **los concursos** de personal **funcionario**.

Ñ) **Ejercer** **la potestad disciplinaria del personal** del Departamento por faltas graves o muy graves, salvo la separación del servicio.

O) **Adoptar e impulsar**, bajo la dirección del **Ministro**, las **medidas** tendentes a la gestión centralizada de **recursos** humanos y medios materiales en el ámbito de su Departamento Ministerial.

P) **Autorizar las comisiones de servicio** con derecho a indemnización por cuantía exacta para altos cargos dependientes del Subsecretario.

Q) **Cualesquiera otras** que sean inherentes a los servicios comunes del **Ministerio** y a la representación ordinaria del mismo y las que **les atribuyan la legislación en vigor**.

2. La **Subsecretaría del Ministerio de la Presidencia, en coordinación con la Secretaría General de la Presidencia del Gobierno, ejercerá** las competencias propias de los servicios comunes de los Departamentos en relación con el área de la Presidencia del **Gobierno**.

3. Los Subsecretarios serán **nombrados y separados** por **Real Decreto del Consejo de Ministros a propuesta** del titular del Ministerio.

Los **nombramientos** habrán de efectuarse **entre funcionarios de carrera** del **Estado, de las Comunidades Autónomas** o **de las Entidades Locales**, pertenecientes al **Subgrupo A1**, a que se refiere el artículo 76 del texto refundido de la **Ley del Estatuto Básico del Empleado Público**, aprobado por **Real Decreto Legislativo 5/2015, de 30 de octubre**, o entre personas que hubieran perdido tal condición como consecuencia de su jubilación. En todo caso, habrán de reunir los requisitos de idoneidad establecidos en la **Ley 3/2015, de 30 de marzo**, reguladora del ejercicio del alto cargo de la **Administración General del Estado**.

ARTÍCULO 64
LOS SECRETARIOS GENERALES

1. Cuando las normas que regulan la estructura de un **Ministerio** prevean la existencia de un Secretario general, deberán **determinar las competencias que le correspondan** sobre un sector de actividad administrativa **determinado**.

2. Los Secretarios generales **ejercen las competencias inherentes a su responsabilidad de dirección sobre los órganos dependientes**, contempladas en el artículo **62.2.b)**, así como **todas aquellas que les asigne expresamente** el **Real Decreto** de estructura del **Ministerio**.

3. Los Secretarios generales, con **categoría de Subsecretario**, serán **nombrados y separados por Real Decreto del Consejo de Ministros**, a **propuesta del titular del Ministerio o del Presidente del Gobierno**.

Los **nombramientos** habrán de efectuarse **entre personas con cualificación y experiencia** en el desempeño de puestos de responsabilidad en la gestión pública o privada. En todo caso, habrán de reunir los **requisitos de idoneidad** establecidos en la **Ley 3/2015, de 30 de marzo**, reguladora del ejercicio del alto cargo de la **Administración General del Estado**.

ARTÍCULO 65
LOS SECRETARIOS GENERALES TÉCNICOS

1. Los **Secretarios generales técnicos, bajo la inmediata dependencia** del Subsecretario, tendrán las competencias sobre servicios comunes que les atribuya el **Real Decreto** de estructura del Departamento y, en todo caso, las relativas a producción normativa, asistencia jurídica y publicaciones.

2. Los Secretarios generales técnicos tienen a todos los efectos la **categoría de Director General** y ejercen sobre sus órganos dependientes las facultades atribuidas a dicho órgano por el artículo siguiente.

3. Los Secretarios generales técnicos serán **nombrados** y **separados** por Real Decreto del **Consejo de Ministros** a **propuesta** del titular del Ministerio.

Los **nombramientos** habrán de efectuarse **entre funcionarios** de carrera del **Estado**, de las **Comunidades Autónomas** o de las **Entidades Locales**, pertenecientes al Subgrupo A1, a que se refiere el artículo 76 de la **Ley 7/2007, de 12 de abril**. En todo caso, habrán de reunir los requisitos de idoneidad establecidos en la **Ley 3/2015, de 30 de marzo**, reguladora del ejercicio de alto cargo de la **Administración General del Estado**.

ARTÍCULO 66
LOS DIRECTORES GENERALES

1. Los Directores generales son los **titulares de los órganos directivos** encargados de la **gestión** de **una o varias áreas funcionalmente homogéneas** del **Ministerio**. A tal efecto, les corresponde:

- **A) Proponer los proyectos** de su Dirección general para alcanzar los objetivos establecidos por el **Ministro, dirigir su ejecución y controlar su adecuado cumplimiento**.

- **B) Ejercer las competencias** atribuidas a la Dirección general y las que le sean desconcentradas o delegadas.

- **C) Proponer**, en los restantes casos, al **Ministro** o al titular del órgano del que dependa, **la resolución** que estime procedente sobre los asuntos que afectan al órgano directivo.

- **D) Impulsar y supervisar las actividades** que forman parte de la gestión ordinaria del órgano directivo y **velar por el buen funcionamiento** de los órganos y unidades dependientes y del personal integrado en los mismos.

- **E)** Las **demás atribuciones** que le confieran las leyes y reglamentos.

2. Los Directores generales serán **nombrados** y **separados por Real Decreto del Consejo de Ministros**, a **propuesta** del **titular del Departamento o del Presidente del Gobierno**.

Los **nombramientos** habrán de efectuarse **entre funcionarios de carrera del Estado**, de las **Comunidades Autónomas** o de las **Entidades Locales**, pertenecientes al Subgrupo A1, a que se refiere el artículo 76 del texto refundido de la **Ley del Estatuto Básico del Empleado Público**, aprobada por **Real Decreto Legislativo 5/2015, de 30 de octubre**, o entre personas que hubieran perdido tal condición como consecuencia de su jubilación, salvo que el **Real Decreto** de estructura permita que, en atención a las características específicas de las funciones de la Dirección General, su titular no reúna dicha condición de **funcionario**, debiendo motivarse mediante memoria razonada la concurrencia de las especiales características que justifiquen esa circunstancia excepcional. En todo caso, habrán de reunir los requisitos de idoneidad establecido en la **Ley 3/2015, de 30 de marzo**, reguladora del ejercicio del alto cargo de la **Administración General del Estado**.

ARTÍCULO 67
LOS SUBDIRECTORES GENERALES

1. Los Subdirectores generales son los **responsables inmediatos, bajo la supervisión del Director general o del titular del órgano del que dependan**, de la **ejecución** de aquellos proyectos, objetivos o actividades que les sean asignados, así como de la **gestión ordinaria** de los asuntos de la competencia de la Subdirección General.

2. Los Subdirectores generales **serán nombrados, respetando los principios de igualdad, mérito y capacidad, y cesados** por el **Ministro**, Secretario de **Estado** o Subsecretario del que **dependan**.

Los **nombramientos** habrán de efectuarse **entre funcionarios de carrera del Estado, o de otras Administraciones, cuando así lo prevean las normas de aplicación, pertenecientes al Subgrupo A1**, a que se refiere el artículo 76 de la **Ley 7/2007, de 12 de abril**.

ARTÍCULO 68
REGLAS GENERALES SOBRE LOS SERVICIOS COMUNES DE LOS MINISTERIOS

1. Los órganos directivos encargados de los servicios comunes, **prestan** a los órganos superiores y directivos del resto del **Ministerio** la **asistencia precisa** para el más **eficaz cumplimiento** de sus cometidos y, en particular, la **eficiente utilización** de los medios y **recursos materiales**, **económicos** y **personales** que tengan asignados.

Corresponde a los servicios comunes el **asesoramiento**, el **apoyo técnico** y, en su caso, la **gestión directa** en relación con las funciones de planificación, programación y presupuestación, cooperación internacional, acción en el exterior, organización y **recursos** humanos, sistemas de información y comunicación, producción normativa, asistencia jurídica, gestión financiera, gestión de medios materiales y servicios auxiliares, seguimiento, control e inspección de servicios, estadística para fines estatales y publicaciones.

2. Los servicios comunes **funcionan** en cada Departamento **de acuerdo con las disposiciones y directrices adoptadas** por los Ministerios con competencia sobre dichas funciones comunes en la **Administración General del Estado**. Todo ello, sin perjuicio de que determinados órganos con competencia sobre algunos servicios comunes sigan **dependiendo funcional o jerárquicamente de alguno de los referidos Ministerios**.

3. Mediante Real Decreto podrá preverse la **gestión compartida** de algunos de los servicios comunes que **podrá** realizarse de las formas siguientes:

A) Mediante su **coordinación directa** por el **Ministerio de Hacienda y Administraciones Públicas o por un organismo autónomo** vinculado o dependiente del mismo, que prestarán algunos de estos servicios comunes **a otros Ministerios**.

B) Mediante su **coordinación directa** por la **Subsecretaría de cada Ministerio** o por **un organismo autónomo** vinculado o dependiente de la misma que prestará algunos de estos servicios comunes **a todo el Ministerio**. El **Real Decreto** que determine la gestión compartida de algunos de los servicios comunes **concretará el régimen de dependencia orgánica y funcional del personal** que viniera prestando el servicio respectivo en cada unidad.

CAPÍTULO III
ÓRGANOS TERRITORIALES

SECCIÓN 1.ª
LA ORGANIZACIÓN TERRITORIAL
DE LA ADMINISTRACIÓN GENERAL DEL ESTADO

ARTÍCULO 69
LAS DELEGACIONES Y LAS SUBDELEGACIONES DEL GOBIERNO

1. Existirá una Delegación del Gobierno en cada una de las Comunidades Autónomas.

2. Las Delegaciones del Gobierno tendrán **su sede en la localidad donde radique el Consejo de Gobierno de la Comunidad Autónoma**, salvo que el Consejo de Ministros acuerde ubicarla en otra distinta y sin perjuicio de lo que disponga **expresamente** el Estatuto de Autonomía.

3. Las Delegaciones del Gobierno están **adscritas orgánicamente** al **Ministerio de Hacienda y Administraciones Públicas**.

4. En cada una de las provincias de las Comunidades Autónomas **pluriprovinciales**, **existirá** un **Subdelegado del Gobierno**, que estará bajo la **inmediata dependencia** del Delegado del Gobierno.

Podrán crearse por **Real Decreto** Subdelegaciones del Gobierno en las Comunidades Autónomas uniprovinciales, cuando circunstancias tales como la **población** del territorio, el **volumen** de gestión o sus **singularidades** geográficas, sociales o económicas así lo justifiquen.

ARTÍCULO 70
LOS DIRECTORES INSULARES DE LA ADMINISTRACIÓN GENERAL DEL ESTADO

Reglamentariamente se determinarán las **islas en las que existirá un Director Insular** de la **Administración General del Estado**, con el nivel que se determine en la relación de puestos de trabajo. Serán **nombrados por el Delegado del Gobierno** mediante el **procedimiento** de **libre designación** entre **funcionarios** de carrera del **Estado**, de las **Comunidades Autónomas** o de las **Entidades Locales**, pertenecientes a Cuerpos o Escalas clasificados como Subgrupo A1.

Los Directores Insulares **dependen jerárquicamente** del Delegado del **Gobierno** en la Comunidad Autónoma o del Subdelegado del **Gobierno** en la provincia, cuando este cargo exista, y **ejercen, en su ámbito territorial**, las competencias atribuidas por esta **Ley** a los Subdelegados del **Gobierno** en las provincias.

ARTÍCULO 71
LOS SERVICIOS TERRITORIALES

1. Los servicios territoriales de la **Administración General del Estado** en la Comunidad Autónoma se **organizarán** atendiendo al **mejor cumplimiento de sus fines**, en servicios integrados y no integrados en las Delegaciones del Gobierno.

2. La **organización** de los servicios territoriales **no integrados** en las Delegaciones del **Gobierno** se establecerá mediante **Real Decreto** a **propuesta** conjunta del titular del **Ministerio** del que dependan y del titular del **Ministerio** que tenga atribuida la competencia para la racionalización, análisis y evaluación de las estructuras organizativas de la **Administración General del Estado** y sus organismos públicos, cuando contemple unidades con nivel de Subdirección General o equivalentes, o por Orden conjunta cuando afecte a órganos inferiores.

3. Los servicios territoriales **no integrados dependerán** del **órgano central competente** sobre el sector de actividad en el que aquéllos operen, el cual les **fijará los objetivos** concretos de actuación y **controlará** su **ejecución**, así como el **funcionamiento** de los servicios.

4. Los servicios territoriales **integrados dependerán** del Delegado del Gobierno, o en su caso **Subdelegado del Gobierno, a través de la Secretaría General**, y **actuarán** de acuerdo con las instrucciones técnicas y criterios operativos establecidos por el **Ministerio** competente por razón de la materia.

Notas:

SECCIÓN 2.ª
LOS DELEGADOS DEL GOBIERNO EN LAS COMUNIDADES AUTÓNOMAS

ARTÍCULO 72
LOS DELEGADOS DEL GOBIERNO EN LAS COMUNIDADES AUTÓNOMAS

1. Los Delegados del **Gobierno representan al Gobierno de la Nación** en el territorio de la respectiva Comunidad Autónoma, sin perjuicio de la representación ordinaria del **Estado** en las mismas a través de sus respectivos Presidentes.

2. Los Delegados del **Gobierno dirigirán y supervisarán** la **Administración General del Estado** en el territorio de las respectivas **Comunidades Autónomas** y **la coordinarán**, internamente y cuando proceda, con la Administración propia de cada una de ellas y con la de las **Entidades Locales** radicadas en la Comunidad.

3. Los Delegados del **Gobierno** son **órganos directivos con rango de Subsecretario** que dependen **orgánicamente** del Presidente del **Gobierno** y **funcionalmente** del **Ministerio** competente por razón de la materia.

4. Los Delegados del **Gobierno** serán **nombrados y separados por Real Decreto del Consejo de Ministros**, a **propuesta** del Presidente del **Gobierno**. Su nombramiento **atenderá a criterios de competencia profesional y experiencia**. En todo caso, deberá reunir los **requisitos de idoneidad** establecidos en la **Ley 3/2015, de 30 de marzo**, reguladora del ejercicio del alto cargo de la **Administración General del Estado**.

5. En caso de **ausencia, vacante o enfermedad** del titular de la Delegación del **Gobierno**, **será suplido** por el Subdelegado del **Gobierno** que el Delegado **designe** y, en su defecto, al de la provincia en que tenga su **sede**. En las **Comunidades Autónomas uniprovinciales** en las que no exista Subdelegado la **suplencia** corresponderá al **Secretario General**.

ARTÍCULO 73
COMPETENCIAS DE LOS DELEGADOS DEL GOBIERNO EN LAS COMUNIDADES AUTÓNOMAS

1. Los Delegados del **Gobierno** en las **Comunidades Autónomas** son los **titulares de las correspondientes Delegaciones del Gobierno** y tienen, en los términos establecidos en este Capítulo, las siguientes **competencias**:

A) **Dirección y coordinación** de la **Administración General del Estado** y sus Organismos públicos:

1ª **Impulsar**, **coordinar** y **supervisar** con carácter general su actividad en el territorio de la Comunidad Autónoma, y, cuando se trate de **servicios integrados**, **dirigirla**, directamente o a través de los Subdelegados del gobierno, de acuerdo con los objetivos y, en su caso, instrucciones de los órganos superiores de los respectivos ministerios.

2ª **Nombrar a los Subdelegados del Gobierno** en las provincias de su ámbito de actuación y, en su caso, a los **Directores Insulares**, y como **superior jerárquico, dirigir y coordinar** su actividad.

3ª **Informar**, con carácter preceptivo, las **propuestas de nombramiento** de los titulares de órganos territoriales de la **Administración General del Estado** y los Organismos públicos estatales de ámbito autonómico y provincial en la Delegación del **Gobierno**.

B) Información de la acción del Gobierno e información a los ciudadanos:

1ª **Coordinar la información** sobre los programas y actividades del **Gobierno** y la **Administración General del Estado** y sus Organismos públicos en la Comunidad Autónoma.

2ª **Promover la colaboración** con las restantes **Administraciones Públicas** en materia de información al ciudadano.

3ª **Recibir información** de los distintos Ministerios de los planes y programas que hayan de ejecutar sus respectivos servicios territoriales y Organismos públicos en su ámbito territorial.

4ª **Elevar** al **Gobierno**, **con carácter anual**, a través del titular del **Ministerio de Hacienda y Administraciones Públicas**, un **informe** sobre el funcionamiento de los servicios públicos estatales en el ámbito autonómico.

C) Coordinación y colaboración con otras **Administraciones Públicas**:

1ª **Comunicar y recibir** cuanta **información** precisen el **Gobierno** y el órgano de **Gobierno** de la **Comunidad Autónoma**. Realizará también estas funciones con las **Entidades Locales** en su ámbito territorial, a través de sus respectivos Presidentes.

2ª **Mantener las necesarias relaciones de coordinación y cooperación** de la **Administración General del Estado** y sus Organismos públicos con la de la Comunidad Autónoma y con las correspondientes **Entidades Locales**. A tal fin, **promoverá la celebración de convenios** con la Comunidad Autónoma y con las **Entidades Locales**, en particular, en relación a los programas de financiación estatal, **participando en el seguimiento de la ejecución y cumplimiento de los mismos**.

3ª **Participar** en las Comisiones mixtas de transferencias y en las Comisiones bilaterales de cooperación, así como en otros órganos de cooperación de naturaleza similar cuando se determine.

D) Control de legalidad:

1ª **Resolver los recursos** en vía administrativa interpuestos contra las resoluciones y actos dictados por los **órganos de la Delegación**, previo **informe**, **en todo caso**, del **Ministerio** competente por razón de la materia.

Las impugnaciones de resoluciones y actos del Delegado del **Gobierno** susceptibles de recurso administrativo y que **no pongan fin a la vía administrativa**, serán resueltas por los **órganos correspondientes del Ministerio competente** por razón de la materia.

Las reclamaciones por **responsabilidad patrimonial** de las **Administraciones Públicas** se tramitarán por el **Ministerio** competente por razón de la materia y **se resolverán por el titular de dicho Departamento**.

2ª Suspender la ejecución de los actos impugnados dictados por los órganos de la Delegación del **Gobierno, cuando le corresponda resolver el recurso**, de acuerdo con el artículo 117.2 de la **Ley del Procedimiento Administrativo Común de las Administraciones Públicas**, y **proponer la suspensión en los restantes casos**, así como respecto de los actos impugnados dictados por los servicios no integrados en la Delegación del **Gobierno**.

3ª Velar por el **cumplimiento de las competencias atribuidas constitucionalmente al Estado** y por la correcta aplicación de su normativa, **promoviendo o interponiendo**, según corresponda, conflictos de jurisdicción, **conflictos de atribuciones, recursos y demás acciones legalmente procedentes**.

E) Políticas públicas:

1ª Formular a los Ministerios competentes, en cada caso, las **propuestas que estime convenientes sobre los objetivos** contenidos en los planes y programas que hayan de ejecutar los servicios territoriales y los de los Organismos públicos, e **informar**, regular y periódicamente, a los Ministerios competentes sobre la gestión de sus servicios territoriales.

2ª Proponer ante el **Ministro** de Hacienda y **Administraciones Públicas** las **medidas precisas para evitar la duplicidad de estructuras administrativas**, tanto en la propia **Administración General del Estado** como con otras **Administraciones Públicas**, conforme a los principios de **eficacia y eficiencia**.

3ª Proponer al Ministerio de Hacienda y Administraciones Públicas medidas para **incluir en los planes de recursos humanos** de la **Administración General del Estado**.

4ª Informar las **medidas de optimización de recursos humanos y materiales** en su ámbito territorial, especialmente las que afecten a más de un Departamento. En particular, corresponde a los Delegados del **Gobierno**, en los términos establecidos en la **Ley 33/2003, de 3 de noviembre**, del Patrimonio de las **Administraciones Públicas**, la **coordinación de la utilización de los edificios de uso administrativo** por la organización territorial de la **Administración General del Estado** y de los organismos públicos de ella dependientes en su ámbito territorial, de acuerdo con las directrices establecidas por el **Ministerio de Hacienda y Administraciones Públicas** y la **Dirección General del Patrimonio del Estado**.

2. Asimismo, los Delegados del **Gobierno** ejercerán la **potestad sancionadora, expropiatoria y cualesquiera otras** que les confieran las normas o que les sean desconcentradas o delegadas.

3. Corresponde a los Delegados del **Gobierno proteger** el libre ejercicio de los derechos **y libertades y garantizar la seguridad ciudadana**, a través de los Subdelegados del **Gobierno** y de las Fuerzas y Cuerpos de seguridad del **Estado**, cuya jefatura corresponderá al Delegado del **Gobierno**, quien ejercerá las competencias del **Estado** en esta materia bajo la dependencia funcional del **Ministerio del Interior**.

4. En relación con los **servicios territoriales**, los Delegados del **Gobierno**, para el ejercicio de las competencias recogidas en este artículo, podrán **recabar** de los **titulares** de dichos servicios toda la **información** relativa a su actividad, estructuras organizativas, recursos humanos, inventarios de bienes muebles e inmuebles o a cualquier otra materia o asunto que consideren oportuno al objeto de garantizar una gestión coordinada y eficaz de los servicios estatales en el territorio.

SECCIÓN 3.ª
LOS SUBDELEGADOS DEL GOBIERNO EN LAS PROVINCIAS

ARTÍCULO 74
LOS SUBDELEGADOS DEL GOBIERNO EN LAS PROVINCIAS

En **cada provincia** y bajo la inmediata dependencia del Delegado del **Gobierno** en la respectiva Comunidad Autónoma, **existirá un Subdelegado del Gobierno**, con nivel de Subdirector General, que será nombrado por aquél mediante el procedimiento de libre **designación** entre **funcionarios** de carrera del **Estado**, de las **Comunidades Autónomas** o de las **Entidades Locales**, pertenecientes a Cuerpos o Escalas clasificados como Subgrupo A1.

En las **Comunidades Autónomas uniprovinciales** en las que **no exista Subdelegado**, el Delegado del **Gobierno** asumirá las competencias que esta **Ley** atribuye a los Subdelegados del **Gobierno** en las provincias.

ARTÍCULO 75
COMPETENCIAS DE LOS SUBDELEGADOS
DEL GOBIERNO EN LAS PROVINCIAS

A los Subdelegados del **Gobierno** les corresponde:

A) Desempeñar las funciones de **comunicación**, **colaboración** y **cooperación** con la respectiva Comunidad Autónoma y con las **Entidades Locales** y, en particular, **informar sobre la incidencia en el territorio de los programas de financiación estatal**. En concreto les corresponde:

  1ª **Mantener** las necesarias **relaciones de cooperación y coordinación** de la **Administración General del Estado** y sus Organismos públicos con la de la Comunidad Autónoma y con las correspondientes **Entidades Locales** en el ámbito de la provincia.

  2ª **Comunicar y recibir** cuanta **información** precisen el **Gobierno** y el órgano de **Gobierno** de la Comunidad Autónoma. Realizará también estas funciones con las **Entidades Locales** en su ámbito territorial, a través de sus respectivos Presidentes.

B) **Proteger** el libre ejercicio de los derechos y libertades, garantizando la seguridad ciudadana, todo ello dentro de las competencias estatales en la materia. A estos efectos, dirigirá las Fuerzas y Cuerpos de Seguridad del **Estado** en la provincia.

C) **Dirigir y coordinar la protección civil** en el ámbito de la provincia.

D) Dirigir, en su caso, los servicios integrados de la **Administración General del Estado**, de acuerdo con las instrucciones del Delegado del **Gobierno** y de los Ministerios correspondientes; e **impulsar, supervisar e inspeccionar los servicios no integrados**.

E) Coordinar la utilización de los medios materiales y, en particular, de los edificios administrativos en el ámbito territorial de su competencia.

F) Ejercer la potestad sancionadora y cualquier otra que les confiera las normas o que les sea desconcentrada o delegada.

SECCIÓN 4.ª
LA ESTRUCTURA DE LAS DELEGACIONES DEL GOBIERNO

ARTÍCULO 76
ESTRUCTURA DE LAS DELEGACIONES Y SUBDELEGACIONES DEL GOBIERNO

1. La **estructura** de las Delegaciones y Subdelegaciones del **Gobierno** se **fijará por Real Decreto** del **Consejo de Ministros** a **propuesta** del **Ministerio de Hacienda y Administraciones Públicas**, en razón de la dependencia orgánica de las Delegaciones del **Gobierno**, y contarán, **en todo caso**, con **una Secretaría General**, dependiente de los Delegados o, en su caso, de los Subdelegados del **Gobierno**, como órgano de gestión de los servicios comunes, y **de la que dependerán los distintos servicios integrados** en la misma, así como aquellos otros servicios y unidades que se determine en la relación de puestos de trabajo.

2. La **integración** de nuevos servicios territoriales o la **desintegración** de servicios territoriales **ya integrados** en las Delegaciones del **Gobierno, se llevará a cabo mediante Real Decreto** de **Consejo de Ministros**, a **propuesta** del **Ministerio de Hacienda y Administraciones Públicas**, en razón de la dependencia orgánica de las Delegaciones del **Gobierno**, y del **Ministerio** competente del área de actividad.

ARTÍCULO 77
ASISTENCIA JURÍDICA Y CONTROL ECONÓMICO FINANCIERO DE LAS DELEGACIONES Y SUBDELEGACIONES DEL GOBIERNO

La **asistencia jurídica** y las funciones de **intervención y control económico-financiero** en relación con las Delegaciones y Subdelegaciones del **Gobierno se ejercerán por la Abogacía del Estado** y la **Intervención General de la Administración del Estado** respectivamente, de acuerdo con su normativa específica.

SECCIÓN 5.ª
ÓRGANOS COLEGIADOS

ARTÍCULO 78
LA COMISIÓN INTERMINISTERIAL DE COORDINACIÓN
DE LA ADMINISTRACIÓN PERIFÉRICA DEL ESTADO

1. La Comisión interministerial de coordinación de la Administración periférica del **Estado** es un **órgano colegiado**, **adscrito** al **Ministerio de Hacienda y Administraciones Públicas**.

2. La **Comisión interministerial** de coordinación de la Administración periférica del **Estado** se encargará de **coordinar la actuación** de la Administración periférica del **Estado con** los distintos Departamentos ministeriales.

3. Mediante **Real Decreto** se regularán sus atribuciones, composición y funcionamiento.

ARTÍCULO 79
LOS ÓRGANOS COLEGIADOS DE ASISTENCIA AL DELEGADO
Y AL SUBDELEGADO DEL GOBIERNO

1. En cada una de las **Comunidades Autónomas pluriprovinciales existirá una Comisión territorial de asistencia al Delegado del Gobierno**, con las siguientes características:

A) Estará **presidida por el Delegado del Gobierno** en la Comunidad Autónoma e **integrada por los Subdelegados** del **Gobierno** en las provincias comprendidas en el territorio de ésta.

B) A sus **sesiones deberán asistir** los **titulares de los órganos y servicios territoriales**, tanto integrados como no integrados, que el Delegado del **Gobierno** considere oportuno.

C) Esta Comisión desarrollará, en todo caso, las siguientes **funciones**:

1ª Coordinar las actuaciones que hayan de ejecutarse de forma homogénea en el ámbito de la Comunidad Autónoma, para **asegurar el cumplimiento de los objetivos generales** fijados por el **Gobierno** a los servicios territoriales.

2ª Homogeneizar el desarrollo de las políticas públicas en su ámbito territorial, a través del **establecimiento de criterios comunes de actuación** que habrán de ser compatibles con las instrucciones y objetivos de los respectivos departamentos ministeriales.

3ª Asesorar al Delegado del **Gobierno** en la Comunidad Autónoma en la elaboración de las **propuestas** de simplificación administrativa y racionalización en la utilización de los **recursos**.

4ª Cualesquiera otras que a juicio del Delegado del **Gobierno** en la Comunidad Autónoma resulten adecuadas para que la Comisión territorial cumpla la finalidad de apoyo y asesoramiento en el ejercicio de las competencias que esta **Ley** le asigna.

2. En las **Comunidades Autónomas uniprovinciales existirá una Comisión de asistencia al Delegado del Gobierno**, presidida por él mismo e integrada por el Secretario General y los titulares de los órganos y servicios territoriales, tanto integrados como no integrados, que el Delegado del **Gobierno** considere oportuno, con las **funciones señaladas en el apartado anterior**.

3. En **cada Subdelegación del Gobierno** existirá una **Comisión de asistencia al Subdelegado** del **Gobierno** presidida por él mismo e integrada por el Secretario General y los titulares de los órganos y servicios territoriales, tanto integrados como no integrados, que el Subdelegado del **Gobierno** considere oportuno, con las **funciones señaladas en el apartado primero**, referidas al ámbito provincial.

CAPÍTULO IV
DE LA ADMINISTRACIÓN GENERAL DEL ESTADO EN EL EXTERIOR

ARTÍCULO 80
EL SERVICIO EXTERIOR DEL ESTADO

El Servicio Exterior del **Estado se rige** en todo lo concerniente a su composición, organización, funciones, integración y personal por lo dispuesto en la **Ley 2/2014, de 25 de marzo**, de la Acción y del Servicio Exterior del **Estado** y en su normativa de desarrollo y, supletoriamente, por lo dispuesto en esta **Ley**

ERES fuerte

TÍTULO

02

Organización y funcionamiento
del sector público institucional

CAPÍTULO I
DEL SECTOR PÚBLICO INSTITUCIONAL

ARTÍCULO 81
PRINCIPIOS GENERALES DE ACTUACIÓN

1. Las entidades que integran el sector público institucional están **sometidas** en su actuación a los **principios** de **legalidad**, **eficiencia**, **estabilidad presupuestaria** y sostenibilidad financiera, así como al principio de **transparencia en su gestión**. **En particular** se sujetarán en materia de personal, incluido el **laboral**, a las limitaciones previstas en la normativa presupuestaria y en las previsiones anuales de los presupuestos generales.

2. Todas las **Administraciones Públicas deberán establecer** un **sistema de supervisión continua** de sus entidades dependientes, con el objeto de comprobar la subsistencia de los motivos que justificaron su creación y su **sostenibilidad financiera**, y que deberá incluir la **formulación expresa de propuestas de mantenimiento, transformación o extinción**.

3. Los organismos y entidades vinculados o dependientes de la **Administración autonómica y local se regirán** por las disposiciones básicas de **esta Ley** que les resulten de aplicación, y en particular, por lo dispuesto en los Capítulos I y VI y en los artículos 129 y 134, así como por la **normativa propia** de la Administración a la que se adscriban.

ARTÍCULO 82
EL INVENTARIO DE ENTIDADES
DEL SECTOR PÚBLICO ESTATAL, AUTONÓMICO Y LOCAL

1. El Inventario de Entidades del Sector Público Estatal, Autonómico y Local, se **configura** como un **registro público administrativo** que **garantiza la información pública** y la **ordenación** de todas las **entidades integrantes del sector público institucional** cualquiera que sea su naturaleza jurídica.

La **integración y gestión** de dicho Inventario y su publicación dependerá de la **Intervención General de la Administración del Estado**.

2. El Inventario de Entidades del Sector Público contendrá, **al menos**, información actualizada sobre la **naturaleza jurídica**, **finalidad**, **fuentes de financiación**, **estructura de dominio**, en su caso, la **condición de medio propio**, **regímenes de contabilidad, presupuestario y de control**, así como la **clasificación en términos de contabilidad nacional**, de cada una de las entidades integrantes del sector público institucional.

3. Al menos, la **creación**, **transformación**, **fusión o extinción** de cualquier entidad integrante del sector público institucional, cualquiera que sea su naturaleza jurídica, **será inscrita en el Inventario** de Entidades del Sector Público Estatal, Autonómico y Local.

ARTÍCULO 83
INSCRIPCIÓN EN EL INVENTARIO DE ENTIDADES DEL SECTOR PÚBLICO ESTATAL, AUTONÓMICO Y LOCAL

1. El **titular del máximo** órgano de dirección de la entidad **notificará**, a través de la intervención general de la Administración correspondiente, **la información necesaria para la inscripción definitiva** en el Inventario de Entidades del Sector Público Estatal, Autonómico y Local, en los términos previstos reglamentariamente, de los **actos relativos a su creación, transformación, fusión o extinción**, en el **plazo de 30 días hábiles** a contar desde que ocurra el acto inscribible. En la citada notificación **se acompañará la documentación justificativa** que determina tal circunstancia.

2. La **inscripción definitiva** de la creación de cualquier entidad integrante del sector público institucional en el Inventario de Entidades del Sector Público Estatal, Autonómico y Local se realizará de conformidad con las **siguientes reglas**:

A) El titular del **máximo** órgano de dirección de la entidad, a través de la intervención general de la Administración correspondiente, **notificará**, **electrónicamente** a efectos de su inscripción, al Inventario de Entidades del Sector Público Estatal, Autonómico y Local, la **norma o el acto jurídico de creación en el plazo de 30 días hábiles** desde la entrada en vigor de la norma o del acto, según corresponda. A la notificación se acompañará la copia o enlace a la publicación electrónica del Boletín Oficial en el que se publicó la norma, o copia del acto jurídico de creación, así como el resto de documentación justificativa que proceda, como los Estatutos o el plan de actuación.

B) **La inscripción** en el Inventario de Entidades del Sector Público Estatal, Autonómico y Local se practicará dentro del plazo de **15 días hábiles siguientes a la recepción de la solicitud** de inscripción.

C) **Para la asignación del Número de Identificación Fiscal** definitivo y de la letra identificativa que corresponda a la entidad, de acuerdo con su naturaleza jurídica, por parte de la Administración Tributaria **será necesaria la aportación de la certificación de la inscripción** de la entidad en el Inventario de Entidades del Sector Público Estatal, Autonómico y Local.

ERES CAPAZ

CAPÍTULO II

ORGANIZACIÓN Y FUNCIONAMIENTO DEL SECTOR PÚBLICO INSTITUCIONAL ESTATAL

ARTÍCULO 84

COMPOSICIÓN Y CLASIFICACIÓN DEL SECTOR PÚBLICO INSTITUCIONAL ESTATAL

1. Integran el **sector público** institucional estatal las siguientes entidades:

A) Los **organismos públicos vinculados o dependientes** de la **Administración General del Estado**, los cuales **se clasifican** en:

    1. Organismos autónomos.

    2. Entidades públicas empresariales.

    3. Agencias Estatales.

B) Las **autoridades administrativas independientes**.

C) Las **sociedades mercantiles estatales**.

D) Los **consorcios**.

E) Las **fundaciones del sector público**.

F) Los **fondos sin personalidad jurídica**.

G) Las **Universidades públicas no transferidas**.

2. La **Administración General del Estado** o entidad integrante del sector público institucional estatal **no podrá**, por sí misma ni en colaboración con otras entidades públicas o privadas, **crear**, **ni ejercer el control efectivo**, directa ni indirectamente, **sobre ningún otro tipo de entidad distinta de las enumeradas en este artículo, con independencia de su naturaleza y régimen jurídico**.

Lo dispuesto en este apartado **no será de aplicación** a la participación del **Estado** en organismos **internacionales** o entidades de **ámbito supranacional**, ni en organismos de **normalización y acreditación nacionales** o sociedades creadas al amparo de la **Ley 27/1984, de 26 de julio**, sobre reconversión y reindustrialización.

3. Las **universidades públicas no transferidas** se regirán por lo dispuesto en la **Ley 47/2003, de 26 de noviembre**, que les sea de aplicación y por lo dispuesto en esta **Ley** en lo que no esté previsto en su normativa específica.

Notas:

_____
_____
_____
_____
_____

ARTÍCULO 84 BIS

PRESENCIA EQUILIBRADA ENTRE MUJERES Y HOMBRES EN LAS ENTIDADES DEL SECTOR PÚBLICO INSTITUCIONAL ESTATAL

1. El **principio** de representación equilibrada entre mujeres y hombres será de aplicación a las personas **titulares** de las presidencias, vicepresidencias, direcciones generales, direcciones ejecutivas y asimilados de las entidades del sector público institucional estatal que tengan la condición de **máximos responsables**, así como a las personas con contratos de **alta dirección** en las citadas entidades, de tal manera que las personas de cada sexo **no superen el 60%** ni sean **menos del 40%** en el ámbito de cada entidad.

2. El principio de representación equilibrada se garantizará **también** en la composición de los **órganos colegiados de gobierno de las entidades**.

ARTÍCULO 85

CONTROL DE EFICACIA Y SUPERVISIÓN CONTINUA

1. Las entidades integrantes del sector público institucional estatal estarán sometidas al **control de eficacia y supervisión continua**, sin perjuicio de lo establecido en el artículo 110.

Para ello, **todas** las entidades integrantes del sector público institucional estatal **contarán**, en el momento de su creación, con un **plan de actuación**, que contendrá las líneas estratégicas en torno a las cuales se desenvolverá la actividad de la entidad, que **se revisarán cada 3 años**, y que se **completará con planes anuales** que desarrollarán el de creación para el ejercicio siguiente.

2. El control de eficacia será ejercido por el Departamento al que estén adscritos, a través de las **inspecciones de servicios**, y tendrá por objeto **evaluar** el **cumplimiento de los objetivos** propios de la actividad específica de la entidad y la **adecuada utilización de los recursos**, de acuerdo con lo establecido en su plan de actuación y sus actualizaciones anuales, Sin perjuicio del **control** que de acuerdo con la **Ley 47/2003, de 26 de noviembre**, se ejerza por la **Intervención General de la Administración del Estado**.

3. Todas las entidades integrantes del sector público institucional estatal están **sujetas desde su creación hasta su extinción** a la **supervisión continua** del **Ministerio de Hacienda y Administraciones Públicas**, a través de la **Intervención General de la Administración del Estado**, que vigilará la concurrencia de los requisitos previstos en esta **Ley**. En particular **verificará**, **al menos**, lo siguiente:

A) La **subsistencia** de las **circunstancias** que justificaron su creación.

B) Su **sostenibilidad** financiera.

C) La **concurrencia de la causa de disolución** prevista en esta **Ley** referida al incumplimiento de los fines que justificaron su creación o que su subsistencia no resulte el medio más idóneo para lograrlos.

Las actuaciones de **planificación**, **ejecución** y **evaluación** correspondientes a la supervisión continua **se determinarán reglamentariamente**.

4. Las actuaciones de control de eficacia y supervisión continua **tomarán en consideración**:

A) La **información económico-financiera** disponible.

B) El **suministro de información** por parte de los organismos públicos y entidades sometidas al Sistema de control de eficacia y supervisión continúa.

C) Las **propuestas de las inspecciones** de los servicios de los departamentos ministeriales.

Los resultados de la evaluación efectuada tanto por el **Ministerio** de adscripción como por el **Ministerio de Hacienda y Administraciones Públicas se plasmarán en un informe** sujeto a **procedimiento contradictorio** que, según las conclusiones que se hayan obtenido, **podrá contener recomendaciones de mejora o una propuesta** de transformación o supresión del organismo público o entidad.

ARTÍCULO 86
MEDIO PROPIO Y SERVICIO TÉCNICO

1. Las entidades integrantes del sector público institucional **podrán ser consideradas medios propios y servicios técnicos de los poderes adjudicadores y del resto de entes y sociedades** que no tengan la consideración de poder adjudicador cuando **cumplan las condiciones y requisitos** establecidos en la Ley 9/2017, de 8 de noviembre, de Contratos del Sector Público, por la que se transponen al ordenamiento jurídico español las Directivas del Parlamento Europeo y del Consejo 2014/23/UE y 2014/24/UE, de 26 de febrero de 2014.

2. Tendrán la consideración de medio propio y servicio técnico cuando se acredite que, además de **disponer de medios suficientes** e idóneos para realizar prestaciones en el sector de actividad que se corresponda con su objeto social, de acuerdo con su norma o acuerdo de creación, se dé **alguna** de las circunstancias siguientes:

A) Sea una **opción más eficiente que la contratación pública y resulta sostenible y eficaz**, aplicando criterios de rentabilidad económica.

B) Resulte necesario **por razones de seguridad pública o de urgencia** en la necesidad de disponer de los bienes o servicios suministrados por el medio propio o servicio técnico.

Formará parte del control de eficacia de los medios propios y servicios técnicos la **comprobación** de la concurrencia de los mencionados requisitos.

En la denominación de las entidades integrantes del sector público institucional que tengan la condición de medio propio deberá figurar **necesariamente** la indicación «Medio Propio» o su abreviatura «M.P.».

3. En el **supuesto** de creación de un nuevo medio propio y servicio técnico **deberá acompañarse** la **propuesta** de declaración de una **memoria justificativa** que acredite lo dispuesto en el apartado anterior y que, en este supuesto de nueva creación, deberá **ser informada** por la **Intervención General de la Administración del Estado**.

ARTÍCULO 87
TRANSFORMACIONES DE LAS ENTIDADES INTEGRANTES DEL SECTOR PÚBLICO INSTITUCIONAL ESTATAL

1. Cualquier organismo autónomo, entidad pública empresarial, agencias estatales, sociedad mercantil estatal o fundación del sector público institucional estatal **podrá transformarse** y adoptar la naturaleza jurídica de cualquiera de las entidades citadas.

2. La transformación tendrá lugar, conservando su personalidad jurídica, por **cesión e integración global**, en unidad de acto, de todo el activo y el pasivo de la entidad transformada con sucesión universal de derechos y obligaciones.

La **transformación no alterará** las condiciones financieras de las obligaciones asumidas ni **podrá** ser entendida como causa de resolución de las relaciones jurídicas.

3. La transformación se llevará a cabo mediante **Real Decreto**, **aunque suponga modificación de la Ley de creación**, salvo en el caso de la transformación en agencias estatales que deberá efectuarse por **ley**.

4. Cuando un organismo autónomo, entidad pública empresarial o Agencias Estatales se transforme en **una entidad pública empresarial, Agencias Estatales, sociedad mercantil estatal o en una fundación del sector público**, el **Real Decreto** o la **Ley** mediante el que se lleve a cabo la transformación **deberá ir acompañado** de la siguiente documentación:

A) Una **memoria** que incluya:

1º Una **justificación** de la transformación por no poder asumir sus funciones manteniendo su naturaleza jurídica originaria.

2º Un **análisis de eficiencia** que incluirá una previsión del ahorro que generará la transformación y la acreditación de inexistencia de duplicidades con las funciones que ya desarrolle otro órgano, organismo público o entidad preexistente.

3º Un **análisis de la situación** en la que quedará el personal, indicando si, en su caso, parte del mismo se integrará, bien en la **Administración General del Estado** o bien en la entidad pública empresarial, sociedad mercantil estatal o fundación que resulte de la transformación.

B) Un **informe preceptivo** de la **Intervención General de la Administración del Estado** en el que se valorará el cumplimiento de lo previsto en este artículo.

5. La aprobación del **Real Decreto** de transformación **conllevará**:

A) La **adaptación** de la organización de los medios personales, materiales y económicos que resulte necesaria por el cambio de naturaleza jurídica.

B) La **posibilidad de integrar el personal** en la entidad transformada o en la **Administración General del Estado**. En su caso, esta integración se llevará a cabo de acuerdo con los **procedimientos** de **movilidad** establecidos en la legislación de función pública o en la legislación **laboral** que resulte aplicable.

Los distintos tipos de personal de la entidad transformada tendrán los **mismos derechos y obligaciones** que les correspondan de acuerdo con la normativa que les sea de aplicación.

La **adaptación**, en su caso, de personal que conlleve la transformación **no supondrá, por sí misma**, la **atribución** de la condición de **funcionario** público al personal **laboral** que prestase servicios en la entidad transformada.

La integración de quienes hasta ese momento vinieran ejerciendo funciones reservadas a **funcionarios** públicos sin serlo **podrá realizarse con la condición de «a extinguir»**, debiéndose valorar previamente las características de los puestos afectados y las necesidades de la entidad donde se integren.

De la ejecución de las medidas de transformación **no podrá** derivarse incremento alguno de la masa salarial preexistente en la entidad transformada.

CAPÍTULO III
DE LOS ORGANISMOS PÚBLICOS ESTATALES

SECCIÓN 1.ª
DISPOSICIONES GENERALES

ARTÍCULO 88
DEFINICIÓN Y ACTIVIDADES PROPIAS

Son organismos públicos **dependientes o vinculados** a la **Administración General del Estado**, bien **directamente o** bien **a través** de **otro** organismo público, **los creados para** la **realización de**: **actividades administrativas**, sean de fomento, prestación o de gestión de servicios públicos o de producción de bienes de interés público susceptibles de contraprestación; actividades de contenido **económico reservadas a las Administraciones Públicas**; así como la **supervisión o regulación** de sectores económicos, y cuyas **características justifiquen** su organización en régimen de descentralización funcional o de independencia.

ARTÍCULO 89
PERSONALIDAD JURÍDICA Y POTESTADES

1. Los organismos públicos tienen **personalidad jurídica pública diferenciada, patrimonio y tesorería propios**, así como **autonomía de gestión**, en los términos previstos en esta Ley.

2. Dentro de su esfera de competencia, les corresponden las **potestades administrativas precisas para el cumplimiento de sus fines**, en los términos que prevean sus estatutos, **salvo la potestad expropiatoria**.

Los **estatutos podrán atribuir** a los organismos públicos la potestad de ordenar aspectos secundarios del funcionamiento para cumplir con los fines y el servicio encomendado, en el marco y con el alcance establecido por las disposiciones que fijen el régimen jurídico básico de dicho servicio.

Los **actos** y **resoluciones** dictados por los organismos públicos en el **ejercicio** de **potestades** administrativas son **susceptibles de los recursos administrativos** previstos en la **Ley del Procedimiento Administrativo Común de las Administraciones Públicas**.

ARTÍCULO 90
ESTRUCTURA ORGANIZATIVA EN EL SECTOR PÚBLICO ESTATAL

1. Los organismos públicos se estructuran en los **órganos de gobierno**, y **ejecutivos** que se determinen en su respectivo Estatuto.

Los **máximos órganos de gobierno** son el **Presidente y el Consejo Rector**. El estatuto puede, no obstante, prever otros órganos de gobierno con atribuciones distintas.

La dirección del organismo público debe establecer un **modelo de control** orientado a conseguir una seguridad razonable en el cumplimiento de sus objetivos.

2. Corresponde al **Ministro** de Hacienda y **Administraciones Públicas** la **clasificación** de las entidades, conforme a su naturaleza y a los criterios previstos en **Real Decreto** 451/2012, de 5 de marzo, por el que se regula el régimen retributivo de los máximos responsables y directivos en el sector público empresarial y otras entidades. A estos efectos, **las entidades serán clasificadas en tres grupos**. Esta clasificación **determinará el nivel en que la entidad se sitúa a efectos** de:

A) Número máximo de **miembros** de los órganos de gobierno.

B) Estructura organizativa, con fijación del número **mínimo** y **máximo** de directivos, así como la cuantía máxima de la **retribución** total, con determinación del porcentaje **máximo** del complemento de puesto y variable.

ARTÍCULO 91
CREACIÓN DE ORGANISMOS PÚBLICOS ESTATALES

1. La **creación** de los organismos públicos se efectuará por **Ley**.

2. La **Ley** de creación establecerá:

A) El **tipo** de organismo público que crea, con **indicación de sus fines generales**, así como el **Departamento de dependencia o vinculación**.

B) En su caso, los **recursos económicos**, así como las **peculiaridades de su régimen de personal**, de **contratación**, **patrimonial**, **fiscal** y cualesquiera otras que, por su naturaleza, exijan norma con rango de **Ley**.

3. El **anteproyecto de Ley de creación** del organismo público que se eleve al **Consejo de Ministros** deberá ser **acompañado de** una **propuesta de estatutos** y de un **plan inicial de actuación**, junto con el **informe** preceptivo favorable del **Ministerio de Hacienda y Administraciones Públicas** que valorará el cumplimiento de lo previsto en este artículo.

CINTHIA MOURE

ARTÍCULO 92
CONTENIDO Y EFECTOS DEL PLAN DE ACTUACIÓN

1. El plan inicial de actuación **contendrá**, al menos:

A) Las **razones que justifican la creación** de un nuevo organismo público, por no poder asumir esas funciones otro ya existente, así como la **constatación de que la creación no supone duplicidad** con la actividad que desarrolle cualquier otro órgano o entidad preexistente.

B) La **forma jurídica propuesta** y un **análisis que justifique** que la elegida **resulta más eficiente** frente a otras alternativas de organización que se hayan descartado.

C) La **fundamentación de la estructura organizativa elegida**, determinando los **órganos directivos** y la **previsión sobre los recursos humanos** necesarios para su funcionamiento.

D) El **anteproyecto del presupuesto** correspondiente al primer ejercicio junto con un **estudio económico-financiero** que **acredite la suficiencia de la dotación económica prevista** inicialmente para el comienzo de su actividad y la **sostenibilidad futura del organismo**, atendiendo a las fuentes futuras de financiación de los gastos y las inversiones, así como a la **incidencia que tendrá sobre los Presupuestos Generales del Estado**.

E) Los **objetivos del organismo**, justificando su **suficiencia o idoneidad**, los **indicadores** para medirlos, y la **programación plurianual** de carácter estratégico para alcanzarlos, especificando los **medios económicos y personales** que dedicará, concretando en este último caso la forma de provisión de los puestos de trabajo, su procedencia, coste, retribuciones e indemnizaciones, así como el ámbito temporal en que se prevé desarrollar la actividad del organismo. Asimismo, se incluirán las **consecuencias asociadas al grado de cumplimiento de los objetivos** establecidos y, en particular, su **vinculación con la evaluación de la gestión del personal directivo** en el caso de incumplimiento. A tal efecto, el reparto del complemento de productividad o concepto equivalente se realizará teniendo en cuenta el grado de cumplimiento de los objetivos establecidos en el plan de creación y en los anuales.

2. Los organismos públicos **deberán acomodar su actuación a lo previsto en su plan inicial de actuación**. Éste **se actualizará anualmente** mediante la elaboración del correspondiente plan que permita desarrollar para el ejercicio siguiente las previsiones del plan de creación. El plan anual de actuación **deberá ser aprobado en el último trimestre del año natural** por el departamento del que dependa o al que esté vinculado el organismo y deberá guardar coherencia con el Programa de actuación plurianual previsto en la normativa presupuestaria. El Plan de actuación **incorporará, cada 3 años, una revisión** de la programación estratégica del organismo.

Notas:

_____

_____

_____

_____

La **falta de aprobación** del plan anual de actuación **dentro del plazo fijado por causa imputable al organismo**, y hasta tanto se subsane la omisión, **llevará aparejada la paralización de las transferencias** que deban realizarse a favor del organismo con cargo a los Presupuestos Generales del **Estado**, **salvo** que el **Consejo de Ministros** adopte otra decisión.

3. El plan de actuación y los anuales, así como sus modificaciones, **se hará público** en la **página web del organismo público** al que corresponda.

ARTÍCULO 93
CONTENIDO DE LOS ESTATUTOS

1. Los estatutos regularán, al menos, los siguientes extremos:

A) Las **funciones y competencias** del organismo, **con indicación de las potestades administrativas** que pueda ostentar.

B) La **determinación de su estructura organizativa**, con expresión de la **composición**, **funciones**, **competencias** y **rango administrativo** que corresponda a cada órgano. Asimismo se especificarán aquellos de sus **actos y resoluciones que agoten la vía administrativa**.

C) El **patrimonio que se les asigne** y los **recursos económicos que hayan de financiarlos**.

D) El **régimen** relativo a **recursos humanos, patrimonio, presupuesto y contratación**.

E) La **facultad de participación en sociedades mercantiles cuando ello sea imprescindible para la consecución de los fines asignados**.

2. Los **estatutos** de los organismos públicos **se aprobarán por Real Decreto del Consejo de Ministros** a **propuesta conjunta** del **Ministerio de Hacienda y Administraciones Públicas** y del **Ministerio** al que el organismo esté vinculado o sea dependiente.

3. Los estatutos deberán ser aprobados y publicados **con carácter previo** a la **entrada en funcionamiento efectivo** del organismo público.

ARTÍCULO 94
FUSIÓN DE ORGANISMOS PÚBLICOS ESTATALES

1. Los organismos públicos **estatales** de la **misma naturaleza jurídica podrán fusionarse** bien mediante su **extinción e integración** en un **nuevo organismo público**, bien mediante su **extinción por ser absorbido** por otro **organismo público ya existente**.

2. La fusión se llevará a cabo mediante **norma reglamentaria, aunque suponga modificación de la Ley de creación**. Cuando la norma reglamentaria cree un nuevo organismo público resultante de la fusión **deberá cumplir con lo previsto en el artículo 91.2** sobre requisitos de creación de organismos públicos.

3. A la norma reglamentaria de fusión **se acompañará un plan de redimensionamiento** para la adecuación de las estructuras organizativas, inmobiliarias, de personal y de **recursos** resultantes de la nueva situación y en el que **debe quedar acreditado el ahorro que generará la fusión**.

Si alguno de los organismos públicos **estuviese en situación de desequilibrio financiero** se **podrá** prever, como parte del plan de redimensionamiento, que las obligaciones, bienes y derechos patrimoniales que se consideren **liquidables** y **derivados de la actividad que ocasionó el desequilibrio, se integren en un fondo, sin personalidad jurídica y con contabilidad separada**, adscrito al nuevo organismo público o al absorbente, según corresponda.

La actividad o actividades que ocasionaron el desequilibrio **dejarán de prestarse tras la fusión**, **salvo** que **se prevea** su realización futura de **forma sostenible tras la fusión**.

El plan de redimensionamiento, **previo informe preceptivo** de la **Intervención General de la Administración del Estado deberá ser aprobado** por cada uno de los organismos públicos **fusionados** si se integran en uno nuevo o por el organismo público **absorbente**, según corresponda al tipo de fusión.

4. La aprobación de la norma de fusión conllevará:

A) La **integración** de las organizaciones de los organismos públicos fusionados, **incluyendo los medios personales, materiales y económicos**, en los términos previstos en el plan de redimensionamiento.

B) El **personal** de los organismos públicos extinguidos se **podrá** integrar bien en la **Administración General del Estado** o bien en el nuevo organismo público que resulte de la fusión o en el organismo público absorbente, según proceda, de acuerdo con lo previsto en la **norma reglamentaria de fusión** y de conformidad con los **procedimientos de movilidad** establecidos en la legislación de función pública o en la legislación **laboral** que resulte aplicable.

Los distintos tipos de personal de los organismos públicos fusionados tendrán los derechos y obligaciones que les correspondan de acuerdo con la normativa que les sea de aplicación.

La integración de quienes hasta ese momento vinieran ejerciendo funciones reservadas a **funcionarios** públicos sin serlo **podrá realizarse con la condición de «a extinguir»**, debiéndose valorar previamente las características de los puestos afectados y las necesidades del organismos donde se integren.

Esta integración de personal no supondrá, en ningún caso, la atribución de la condición de **funcionario** público al personal **laboral** que prestase servicios en los organismos públicos fusionados.

De la ejecución de las medidas de fusión no **podrá** derivarse incremento alguno de la masa salarial en los organismos públicos afectados.

C) La **cesión e integración global, en unidad de acto**, de todo el activo y el pasivo de los organismos públicos extinguidos en el nuevo organismo público resultante de la fusión o en el organismo público absorbente, según proceda, que le **sucederá universalmente en todos sus derechos y obligaciones**.

La fusión **no alterará** las **condiciones financieras** de las obligaciones asumidas ni **podrá** ser **entendida** como causa de resolución de las relaciones jurídicas.

D) Si se hubiera previsto en el plan de redimensionamiento, las obligaciones, bienes y derechos patrimoniales que se consideren liquidables se integrarán en un fondo, sin personalidad jurídica y con contabilidad separada, adscrito al nuevo organismo público resultante de la fusión o al organismo público absorbente, según proceda, que **designará un liquidador al que le corresponderá la liquidación de este fondo**. Esta liquidación se efectuará de conformidad con lo previsto en el artículo 97.

La liquidación deberá llevarse a cabo durante los **2 años siguientes a la aprobación de la norma** reglamentaria de fusión, **salvo** que el **Consejo de Ministros acuerde su prórroga**, sin perjuicio de los posibles derechos que puedan corresponder a los acreedores. La **aprobación de las normas** a las que tendrá que **ajustarse** la contabilidad del fondo corresponderá al **Ministro** de Hacienda y **Administraciones Públicas a propuesta** de la **Intervención General de la Administración del Estado**.

ARTÍCULO 95
GESTIÓN COMPARTIDA DE SERVICIOS COMUNES

1. La norma de creación de los organismos públicos del sector público estatal **incluirá la gestión compartida de algunos o todos los servicios comunes**, **salvo** que la **decisión de no compartirlos se justifique**, en la memoria que acompañe a la norma de creación, en términos de **eficiencia**, conforme al artículo 7 de la **Ley Orgánica 2/2012, de 27 de abril**, de Estabilidad Presupuestaria y Sostenibilidad Financiera, en razones de **seguridad nacional** o cuando la organización y gestión compartida afecte a servicios que deban prestarse de forma autónoma en atención a la **independencia del organismo**.

La organización y gestión de algunos o todos los servicios comunes **se coordinará** por el Ministerio de adscripción, por el **Ministerio de Hacienda y Administraciones Públicas** o por un organismo público vinculado o dependiente del mismo.

2. Se consideran servicios comunes de los organismos públicos, al menos, los siguientes:

A) Gestión de bienes inmuebles.

B) Sistemas de información y comunicación.

C) Asistencia jurídica.

D) Contabilidad y gestión financiera.

E) Publicaciones.

F) Contratación pública.

ARTÍCULO 96
DISOLUCIÓN DE ORGANISMOS PÚBLICOS ESTATALES

1. Los Organismos públicos estatales **deberán disolverse**:

A) Por el **transcurso del tiempo de existencia** señalado en la **Ley** de creación.

B) Porque la **totalidad de sus fines y objetivos sean asumidos por los servicios de la Administración General del Estado**.

C) Porque sus **fines hayan sido totalmente cumplidos**, de forma que no se justifique la pervivencia del organismo público, y así se haya puesto de manifiesto en el control de eficacia.

D) Cuando **del seguimiento del plan de actuación resulte el incumplimiento de los fines que justificaron la creación del organismo** o que **su subsistencia no es el medio más idóneo para lograrlos** y así se concluya en el control de eficacia o de supervisión continua.

E) Por **cualquier otra causa establecida en los estatutos**.

F) Cuando así **lo acuerde el Consejo de Ministros** siguiendo el procedimiento determinado al efecto en el acto jurídico que acuerde la disolución.

2. Cuando un organismo público **incurra en alguna de las causas** de disolución previstas en las letras *a), b), c), d)* o *e)* del apartado anterior, **el titular del máximo órgano de dirección** del organismo **lo comunicará al titular del departamento de adscripción en el plazo de 2 meses desde que concurra la causa de disolución**. Transcurrido dicho plazo sin que se haya producido la comunicación y concurriendo la causa de disolución, el organismo público quedará **automáticamente disuelto y no podrá realizar ningún acto jurídico**, salvo los **estrictamente necesarios** para **garantizar la eficacia de su liquidación y extinción**.

En el plazo de **2 meses** desde la recepcón de la comunicación a la que se refiere el párrafo anterior, el **Consejo de Ministros adoptará el correspondiente acuerdo de disolución**, en el que **designará** al **órgano** administrativo o entidad del sector público institucional estatal que **asumirá las funciones de liquidador**, y **se comunicará** al Inventario de Entidades del Sector Público Estatal, Autonómico y Local **para su publicación**. Transcurrido dicho plazo sin que el acuerdo de disolución haya sido publicado, el organismo público quedará **automáticamente disuelto y no podrá realizar ningún acto jurídico**, salvo los **estrictamente necesarios** para **garantizar la eficacia de su liquidación y extinción**.

ARTÍCULO 97
LIQUIDACIÓN Y EXTINCIÓN DE ORGANISMOS PÚBLICOS ESTATALES

1. Publicado el acuerdo de disolución al que se refiere el artículo anterior, o **transcurridos** los plazos en él establecidos sin que éste haya sido publicado, **se entenderá automáticamente iniciada la liquidación**.

2. La **liquidación tendrá lugar por la cesión e integración global, en unidad de acto**, de todo el activo y el pasivo del organismo público en la **Administración General del Estado** que **le sucederá universalmente en todos sus derechos y obligaciones**. El órgano o entidad designada como liquidador **determinará, en cada caso**, el órgano o entidad concreta, de la **Administración General del Estado**, **donde se integrarán los elementos** que forman parte del activo y del pasivo del organismo público liquidado.

La **responsabilidad** que le corresponda al empleado público como miembro de la entidad u órgano liquidador será **directamente asumida por la entidad o la Administración General del Estado que lo designó**. La **Administración General del Estado podrá exigir de oficio** al empleado público que designó a esos efectos **la responsabilidad en que hubiera incurrido** por los daños y perjuicios causados en sus bienes o derechos cuando hubiera concurrido **dolo, culpa o negligencia graves**, conforme a lo previsto en las Leyes administrativas en materia de responsabilidad patrimonial.

3. La **Administración General del Estado quedará subrogada automáticamente en todas las relaciones jurídicas que tuviera el organismo público con sus acreedores**, tanto de carácter principal como accesorias, a la fecha de adopción del acuerdo de disolución o, en su defecto, a la fecha en que concurriera la causa de disolución, **incluyendo los activos y pasivos sobrevenidos**. Esta subrogación **no alterará** las condiciones financieras de las obligaciones asumidas **ni podrá** ser **entendida** como causa de resolución de las relaciones jurídicas.

4. Formalizada la liquidación del organismo público se producirá su **extinción** automática.

SECCIÓN 2.ª
ORGANISMOS AUTÓNOMOS ESTATALES

ARTÍCULO 98
DEFINICIÓN

1. Los organismos autónomos **son entidades de Derecho Público**, con **personalidad jurídica propia**, **tesorería y patrimonio propios** y **autonomía en su gestión**, que **desarrollan actividades propias de la Administración Pública**, tanto actividades de fomento, prestacionales, de gestión de servicios públicos o de producción de bienes de interés público, susceptibles de contraprestación, **en calidad de organizaciones instrumentales diferenciadas y dependientes de ésta**.

2. Los organismos autónomos **dependen** de la **Administración General del Estado** a la que corresponde su **dirección** estratégica, la **evaluación** de los resultados de su actividad y el **control** de eficacia.

3. Con independencia de cuál sea su denominación, cuando un organismo público tenga la naturaleza jurídica de organismo autónomo **deberá figurar en su denominación la indicación «organismo autónomo» o su abreviatura «O.A.»**.

ARTÍCULO 99
RÉGIMEN JURÍDICO

Los organismos autónomos se regirán por lo dispuesto en esta **Ley**, en su **Ley** de **creación**, sus **estatutos**, la **Ley del Procedimiento Administrativo Común de las Administraciones Públicas**, el **Real Decreto** Legislativo **3/2011**, de 14 de noviembre, la **Ley 33/2003, de 3 de noviembre**, y el **resto** de las normas de derecho administrativo **general** y **especial** que le sea de aplicación. En **defecto** de norma administrativa, se aplicará el **derecho común**.

ARTÍCULO 100
RÉGIMEN JURÍDICO DEL PERSONAL Y DE CONTRATACIÓN

1. El **personal** al servicio de los organismos autónomos **será funcionario o laboral**, y se regirá por lo previsto en la **Ley 7/2007, de 12 de abril**, y demás normativa reguladora de los **funcionarios** públicos y por la normativa **laboral**.

El **nombramiento de los titulares** de los órganos de los organismos autónomos se regirá por las normas aplicables a la **Administración General del Estado**.

El **titular del máximo órgano de dirección** del organismo **tendrá atribuidas, en materia de gestión de recursos humanos**, las facultades que le asigne la legislación específica.

El organismo autónomo estará **obligado** a **aplicar las instrucciones** sobre **recursos** humanos dictadas por el **Ministerio de Hacienda y Administraciones Públicas** y a **comunicarle** a este departamento cuantos acuerdos o resoluciones adopte en aplicación del régimen específico de personal establecido en su **Ley** de creación o en sus estatutos.

2. La **contratación** de los organismos autónomos se ajustará a lo dispuesto en la legislación sobre contratación del sector público. **El titular del máximo órgano de dirección del organismo autónomo será el órgano de contratación**.

ARTÍCULO 101
RÉGIMEN ECONÓMICO-FINANCIERO Y PATRIMONIAL

1. Los organismos autónomos tendrán, para el cumplimiento de sus fines, **un patrimonio propio**, distinto del de la Administración Pública, **integrado** por el conjunto de bienes y derechos de los que sean titulares.

La **gestión y administración de sus bienes y derechos propios**, así como de aquellos del Patrimonio de la Administración que se les adscriban para el cumplimiento de sus fines, **será ejercida de acuerdo a lo establecido para los organismos autónomos** en la **Ley 33/2003, de 3 de noviembre**.

2. Los **recursos** económicos de los organismos autónomos podrán provenir de las siguientes fuentes:

A) Los **bienes y valores** que constituyen su patrimonio.

B) Los **productos y rentas** de dicho patrimonio.

C) Las **consignaciones específicas** que tuvieren asignadas en los **Presupuestos Generales del Estado**.

D) Las **transferencias corrientes o de capital** que procedan de la Administración o entidades públicas.

E) Las **donaciones, legados, patrocinios** y **otras aportaciones de entidades privadas y de particulares**.

F) **Cualquier otro recurso** que **estén autorizados a percibir**, según las disposiciones por las que se rijan o que pudieran serles atribuidos.

ARTÍCULO 102
RÉGIMEN PRESUPUESTARIO, DE CONTABILIDAD Y CONTROL ECONÓMICO-FINANCIERO

Los organismo autónomos aplicarán el régimen **presupuestario**, **económico-financiero**, de **contabilidad**, y de **control** establecido por la **Ley 47/2003, de 26 de noviembre**.

SECCIÓN 3.ª
LAS ENTIDADES PÚBLICAS EMPRESARIALES DE ÁMBITO ESTATAL

ARTÍCULO 103
DEFINICIÓN

1. Las entidades públicas empresariales **son entidades de Derecho Público**, con personalidad jurídica propia, **patrimonio propio y autonomía en su gestión**, que **se financian con ingresos de mercado**, a excepción de aquellas que tengan la condición o reúnan los requisitos para ser declaradas medio propio personificado de conformidad con la **Ley de Contratos del Sector Público**, y que junto con el **ejercicio de potestades administrativas desarrollan** actividades prestacionales, de **gestión** de servicios o de **producción** de bienes de interés público, **susceptibles** de **contraprestación**.

2. Las entidades públicas empresariales **dependen** de la **Administración General del Estado** o de un **Organismo autónomo vinculado o dependiente** de ésta, al que le corresponde la **dirección** estratégica, la **evaluación** de los resultados de su actividad y el **control** de eficacia.

3. Con independencia de cuál sea su denominación, cuando un organismo público tenga naturaleza jurídica de entidad pública empresarial deberá figurar en su denominación la **indicación** de **«entidad pública empresarial»** o su abreviatura **«E.P.E.»**.

ARTÍCULO 104
RÉGIMEN JURÍDICO

Las entidades públicas empresariales **se rigen** por el **Derecho Privado**, **excepto** en la formación de la voluntad de sus órganos, en el ejercicio de las potestades administrativas que tengan atribuidas y en los aspectos específicamente regulados para las mismas en esta **Ley**, en su **Ley** de creación, sus estatutos, la **Ley del Procedimiento Administrativo Común**, el **Real Decreto** Legislativo 3/2011, de 14 de noviembre, la **Ley 33/2003, de 3 de noviembre**, y el resto de normas de derecho administrativo general y especial que le sean de aplicación.

ARTÍCULO 105
EJERCICIO DE POTESTADES ADMINISTRATIVAS

1. Las **potestades administrativas** atribuidas a las entidades públicas empresariales **sólo pueden ser ejercidas** por aquellos **órganos** de éstas a los que los **estatutos se les asigne expresamente esta facultad**.

2. No obstante, a los efectos de esta **Ley**, los órganos de las entidades públicas empresariales **no son asimilables** en cuanto a su **rango administrativo** al de los órganos de la **Administración General del Estado**, **salvo las excepciones** que, a determinados efectos se fijen, en cada caso, en sus **estatutos**.

ARTÍCULO 106
RÉGIMEN JURÍDICO DEL PERSONAL Y DE CONTRATACIÓN

1. El personal de las entidades públicas empresariales **se rige por el Derecho laboral**, con las **especificaciones dispuestas en este artículo** y las **excepciones relativas a los funcionarios públicos** de la **Administración General del Estado**, quienes se regirán por lo previsto en la **Ley 7/2007, de 12 de abril** y demás normativa reguladora de los **funcionarios** públicos o por la normativa **laboral**.

2. La **selección** del **personal laboral** de estas entidades se realizará conforme a las siguientes reglas:

A) El **personal directivo**, que se determinará en los estatutos de la entidad, será nombrado con arreglo a los **criterios establecidos en el apartado 11 del artículo 55**, atendiendo a la **experiencia en el desempeño de puestos de responsabilidad en la gestión pública o privada**.

B) El **resto** del personal será seleccionado mediante **convocatoria pública basada en los principios de igualdad, mérito y capacidad**.

3. [*Suprimido.*]

4. El **Ministerio de Hacienda y Administraciones Públicas** efectuará, con la periodicidad adecuada, **controles específicos** sobre la evolución de los gastos de personal y de la gestión de sus **recursos** humanos, conforme a los criterios previamente establecidos por los mismos.

5. La **Ley de creación** de cada entidad pública empresarial **deberá determinar** las **condiciones** conforme a las cuales, los **funcionarios** de la **Administración General del Estado**, **podrán cubrir destinos** en la referida entidad, y **establecerá**, asimismo, **las competencias que a la misma correspondan sobre este personal** que, en todo caso, serán las que tengan legalmente atribuidas los Organismos autónomos.

6. La contratación de las entidades públicas empresariales se rige por las previsiones contenidas al respecto en la legislación de contratos del sector público.

ARTÍCULO 107
RÉGIMEN ECONÓMICO-FINANCIERO Y PATRIMONIAL

1. Las entidades públicas empresariales tendrán, para el cumplimiento de sus fines, **un patrimonio propio**, **distinto** del de la Administración Pública, **integrado** por el conjunto de bienes y derechos de los que sean titulares.

La **gestión y administración de sus bienes y derechos propios**, así como de aquellos del Patrimonio de la Administración que se les adscriban para el cumplimiento de sus fines, **será ejercida de acuerdo con lo previsto en la Ley 33/2003, de 3 de noviembre**.

2. Las entidades públicas empresariales **podrán financiarse con los ingresos que se deriven de sus operaciones, obtenidos como contraprestación de sus actividades comerciales**, y con los **recursos** económicos que provengan de las siguientes **fuentes**:

A) Los **bienes y valores** que constituyen su patrimonio.

B) Los **productos y rentas** de dicho patrimonio y **cualquier otro recurso que pudiera serle atribuido**.

Excepcionalmente, cuando así lo **prevea** la **Ley** de **creación**, **podrá** financiarse con los **recursos** económicos que provengan de las siguientes **fuentes**:

A) Las **consignaciones específicas** que tuvieran asignadas en los **Presupuestos Generales del Estado**.

B) Las **transferencias corrientes o de capital** que procedan de las Administraciones o entidades Públicas.

C) Las **donaciones**, **legados**, **patrocinios** y **otras aportaciones de entidades privadas y de particulares**.

3. Las entidades públicas empresariales **se financiarán mayoritariamente con ingresos de mercado**, a excepción de aquellas que tengan la condición o reúnan los requisitos para ser declaradas medio propio personificado de conformidad con la **Ley de Contratos del Sector Público**. Se entiende que se financian mayoritariamente con ingresos de mercado cuando tengan la consideración de **productor de mercado** de conformidad con el **Sistema Europeo de Cuentas**.

A tales efectos se tomará en consideración la clasificación de las diferentes entidades públicas a los efectos de la contabilidad nacional que efectúe el Comité Técnico de Cuentas Nacionales y que se **recogerá en el Inventario de Entidades del sector público estatal, Autonómico y Local**.

ARTÍCULO 108
RÉGIMEN PRESUPUESTARIO, DE CONTABILIDAD Y CONTROL ECONÓMICO-FINANCIERO

Las entidades públicas empresariales aplicarán el régimen presupuestario, económico-financiero, de contabilidad y de control establecido en la **Ley 47/2003, de 26 de noviembre**.

SECCIÓN 4.ª
AGENCIAS ESTATALES

ARTÍCULO 108 BIS
DEFINICIÓN

1. Las Agencias Estatales **son entidades de Derecho Público**, dotadas de personalidad jurídica pública, patrimonio propio y autonomía en su gestión, facultadas para **ejercer** potestades administrativas, que son creadas por el **Gobierno** para el cumplimiento de los programas correspondientes a las políticas públicas que desarrolle la **Administración General del Estado** en el ámbito de sus competencias.

Las Agencias Estatales están dotadas de los mecanismos de autonomía funcional, responsabilidad por la gestión y control de resultados establecidos en esta **Ley**.

2. Con independencia de cuál sea su denominación, cuando un organismo público tenga naturaleza de Agencia Estatales deberá figurar en su denominación la indicación de «Agencia Estatal».

ARTÍCULO 108 TER
RÉGIMEN JURÍDICO

1. Las Agencias Estatales se rigen por esta **Ley** y, en su marco, por el estatuto propio de cada una de ellas; y el resto de las normas de derecho administrativo general y especial que le sea de aplicación.

2. La actuación de las Agencias Estatales se produce, con arreglo al plan de acción anual, bajo la vigencia y con arreglo al pertinente contrato plurianual de gestión que ha de establecer, como **mínimo** y para el período de su vigencia, los siguientes **extremos**:

A) Los **objetivos a perseguir**, los **resultados** a obtener y, en general, la **gestión** a desarrollar.

B) Los **planes necesarios** para alcanzar los objetivos, con especificación de los marcos temporales correspondientes y de los proyectos asociados a cada una de las estrategias y sus plazos temporales, así como los **indicadores** para evaluar los resultados obtenidos.

C) Las **previsiones máximas de plantilla** de personal y el marco de actuación en materia de gestión de recursos humanos.

D) Los **recursos** personales, materiales y presupuestarios a aportar para la consecución de los objetivos, si bien serán automáticamente revisados de conformidad con el contenido de la **Ley de Presupuestos Generales del Estado** del ejercicio correspondiente.

E) Los **efectos asociados** al grado de cumplimiento de los objetivos establecidos por lo que hace a exigencia de responsabilidad por la gestión de los órganos ejecutivos y el personal directivo, así como el montante de masa salarial destinada al complemento de **productividad** o concepto equivalente del personal laboral.

F) El **procedimiento** a seguir para la **cobertura** de los déficits anuales que, en su caso, se pudieran producir por insuficiencia de los ingresos reales respecto de los estimados y las consecuencias de responsabilidad en la gestión que, en su caso, deban seguirse de tales déficits. Dicho procedimiento deberá ajustarse, en todo caso, a lo que establezca el contenido de la **Ley de Presupuestos Generales del Estado** del ejercicio correspondiente.

G) El **procedimiento** para la **introducción** de las modificaciones o adaptaciones anuales que, en su caso, procedan.

3. En el **contrato de gestión** se determinarán los **mecanismos** que permitan la exigencia de responsabilidades a que se refiere la letra *e)* del apartado anterior por incumplimiento de objetivos.

4. El **Consejo Rector** de cada Agencia Estatal **aprueba** la propuesta de contrato inicial de gestión, en el plazo de **3 meses** desde su constitución.

Los **posteriores** contratos de gestión se presentarán en el **último trimestre** de la vigencia del anterior.

La **aprobación** del contrato de gestión tiene lugar por **Orden conjunta** de los **Ministerios** de adscripción, de **Política Territorial y Función Pública** y de **Hacienda**, en un plazo máximo de **3 meses** a contar desde su presentación. En el caso de no ser aprobado en este plazo mantendrá su vigencia el contrato de gestión anterior.

5. En el seno del Consejo Rector se constituirá una **Comisión de Control**, con la **composición** que se determine en los **estatutos**.

Corresponde a la Comisión de Control **informar** al Consejo Rector sobre la **ejecución** del contrato de gestión y, en general, sobre todos aquellos aspectos relativos a la **gestión económico-financiera** que deba conocer el propio Consejo y que se determinen en los Estatutos.

ARTÍCULO 108 QUÁTER
RÉGIMEN JURÍDICO DE PERSONAL

1. El personal al servicio de las Agencias Estatales está **constituido** por:

A) El personal que esté ocupando puestos de trabajo en **servicios** que **se integren** en la Agencia Estatal en el momento de su constitución.

B) El personal que **se incorpore** a la Agencia Estatal desde cualquier Administración Pública por los correspondientes procedimientos de provisión de puestos de trabajo previstos en esta **Ley**.

C) El personal **seleccionado** por la Agencia Estatal, mediante pruebas selectivas convocadas al efecto en los términos establecidos en esta **Ley**.

D) El personal **directivo**.

2. El personal a que se refieren las letras *a)* y *b)* del apartado anterior **mantiene** la condición de personal **funcionario**, **estatutario** o **laboral** de **origen**, de acuerdo con la legislación aplicable.

3. El personal **funcionario y estatutario** se rige por la **normativa** reguladora de la **función pública correspondiente**, con las **especialidades** previstas en esta **Ley** y las que, conforme a ella, se establezcan en el estatuto de cada agencia estatal.

El personal laboral se rige por el Texto refundido de la **Ley del Estatuto de los Trabajadores, aprobado por Real Decreto legislativo 5/2015, de 23 de octubre**, y el resto de la normativa laboral.

4. La **selección** del personal al que se refiere la letra *c)* se realiza mediante convocatoria pública y de acuerdo con los principios de igualdad, mérito y capacidad, así como de acceso al empleo público de las personas con discapacidad. A tal efecto, y en el período previsto en el contrato de gestión, las Agencias Estatales determinan sus necesidades de personal a cubrir mediante pruebas selectivas. La **determinación** de las necesidades de personal a cubrir se realizará con sujeción a la tasa de reposición que, en su caso, se establezca en la **Ley de Presupuestos Generales del Estado** para el ejercicio correspondiente. La **previsión** de necesidades de personal se incorpora a la oferta anual de empleo de la correspondiente agencia estatal, que se integra en la oferta de empleo público estatal, de conformidad con lo que establezca la **Ley anual de Presupuestos Generales del Estado**.

Las Agencias Estatales seleccionan a través de sus **propios órganos de selección**, a su personal **laboral** de acuerdo con los requisitos y principios establecidos en el párrafo anterior.

Las **convocatorias** de selección de personal funcionario se efectuarán por el **Ministerio** al que se encuentren adscritos los cuerpos o escalas correspondientes, y, **excepcionalmente** por la propia agencia estatal mediante **convenio** suscrito al efecto.

Los órganos de representación del personal de la Agencia Estatal serán tenidos en cuenta en los procesos de selección que se lleven a cabo.

5. Las Agencias Estatales **elaboran**, **convocan** y, a **propuesta** de órganos especializados en selección de personal, **resuelven** las correspondientes convocatorias de provisión de puestos de trabajo de personal **funcionario**, de conformidad con los principios generales y procedimientos de provisión establecidos en la normativa de función pública.

6. La **movilidad** de los **funcionarios** destinados en las Agencias Estatales **podrá** estar sometida a la condición de **autorización** previa en las condiciones y con los plazos que se determinen en sus estatutos y de acuerdo con la normativa de función pública.

Notas:

7. Las Agencias Estatales **disponen** de su relación de puestos de trabajo, elaborada y aprobada por la propia Agencia Estatal dentro del marco de actuación que, en materia de **recursos** humanos, se establezca en el contrato de gestión.

8. El personal que preste sus servicios en las Agencias Estatales verá reconocido su **derecho** a la **promoción** dentro de una **carrera profesional evaluable**, en el marco del Estatuto del Empleado Público. Dicha carrera tendrá elementos que permitan criterios de homogeneidad dentro de agencias estatales del mismo ámbito, facilitando similares retribuciones para niveles profesionales semejantes y posibilitando las medidas de movilidad entre el personal de aquellas, sin perjuicio de lo previsto en el apartado 6.

9. Los **conceptos retributivos** del personal **funcionario y estatutario** de las agencias estatales, son los establecidos en la normativa de función pública de la **Administración General del Estado** y sus cuantías se determinarán de conformidad con lo establecido en las **Leyes de Presupuestos Generales del Estado**.

Las **condiciones retributivas** del personal **laboral** son las determinadas en el convenio colectivo de aplicación y en el respectivo contrato de trabajo y sus cuantías se fijarán de acuerdo con lo indicado en el apartado 1 anterior.

La masa salarial de las agencias estatales se autorizará en las condiciones que establezca la normativa aplicable. La cuantía de la masa salarial destinada al complemento de productividad, o concepto equivalente del personal **laboral**, está en todo caso vinculada al grado de cumplimiento de los objetivos fijados en el contrato de gestión.

10. El **personal directivo** de las Agencias Estatales es el que ocupa los puestos de trabajo determinados como tales en el estatuto de las mismas en atención a la especial responsabilidad, competencia técnica y relevancia de las tareas a ellos asignadas.

El **personal directivo** de las Agencias Estatales es **nombrado y cesado** por su **Consejo Rector a propuesta** de sus órganos ejecutivos, atendiendo a criterios de competencia profesional y experiencia entre titulados superiores preferentemente **funcionarios**, y mediante procedimiento que garantice el mérito, la capacidad y la publicidad.

El **proceso de provisión podrá** ser realizado por los órganos de selección especializados a los que se refiere el apartado 5 de este artículo, que formularán **propuesta** motivada al director de la agencia estatal, incluyendo **tres candidatos** para cada puesto a cubrir.

Cuando el **personal directivo** de las Agencias Estatales tenga la condición de **funcionario** permanecerá en la situación de servicio activo en su respectivo cuerpo o escala o en la que corresponda con arreglo a la legislación **laboral** si se trata de personal de este carácter.

El estatuto de las Agencias Estatales **puede prever** puestos directivos de máxima responsabilidad a cubrir, en régimen **laboral**, mediante **contratos de alta dirección**.

Al **personal directivo** de las Agencias Estatales, en todo caso, le será de aplicación el **Real Decreto 451/2012, de 5 de marzo**, por el que se regula el régimen retributivo de los máximos responsables y directivos en el sector público empresarial y otras entidades. El **personal directivo está sujeto**, en el desarrollo de sus cometidos, a evaluación con arreglo a los criterios de **eficacia**, **eficiencia** y cumplimiento de la **legalidad**, **responsabilidad** por su gestión y **control** de resultados en relación con los objetivos que le hayan sido fijados.

El **personal directivo percibe** una parte de su **retribución** como **incentivo de rendimiento**, mediante el complemento correspondiente que valore la productividad, de acuerdo con los criterios y porcentajes que se establezcan por el **Consejo Rector**, a **propuesta** de los órganos directivos de la Agencia Estatal.

11. El **órgano ejecutivo** de la agencia estatal es el **director**. Es **nombrado** y **separado** por el **Consejo Rector a propuesta** del **Presidente** entre personas que reúnan las cualificaciones necesarias para el cargo, según se determine en el Estatuto.

ARTÍCULO 108 QUINQUIES
RÉGIMEN ECONÓMICO FINANCIERO Y CONTRATACIÓN

1. Las Agencias Estatales **se financian** con los siguientes **recursos**:

A) Las **transferencias consignadas** en los Presupuestos Generales del **Estado**.

B) Los **ingresos propios** que perciba como contraprestación por las actividades que pueda realizar, en virtud de contratos, convenios o disposición legal, para otras entidades públicas, privadas o personas físicas.

C) La **enajenación** de los bienes y valores que constituyan su patrimonio.

D) El **rendimiento** procedente de sus bienes y valores.

E) Las **aportaciones** voluntarias, donaciones, herencias y legados y otras aportaciones a título gratuito de entidades privadas y de particulares.

F) Los **ingresos** recibidos de personas físicas o jurídicas como consecuencia del **patrocinio** de actividades o instalaciones.

G) Los **demás ingresos** de Derecho Público o privado que estén **autorizadas** a percibir.

H) Cualquier otro recurso que pudiera serles atribuido.

2. En aquellos supuestos **expresamente** previstos en los estatutos, y solo en la medida que tengan capacidad para generar **recursos** propios suficientes, las Agencias Estatales **podrán financiarse** con cargo a los créditos previstos en el Capítulo VIII de los Presupuestos Generales del **Estado** adjudicados de acuerdo con procedimientos de **pública concurrencia** y destinados a financiar proyectos de **investigación** y **desarrollo**. La **Ley de Presupuestos Generales del Estado** de cada ejercicio establecerá los **límites** de esta financiación.

3. Los **recursos** que se deriven de los apartados *b), e), f)* y *g)* del número 1 anterior, y no se contemplen inicialmente en el presupuesto de las Agencias Estatales se podrán destinar a financiar **mayores gastos** por **acuerdo de su Director**.

4. El recurso al **endeudamiento está prohibido** a las agencias estatales, **salvo** que por **Ley** se disponga lo contrario. No obstante, y con objeto de atender **desfases temporales de tesorería**, las agencias estatales pueden recurrir a la contratación de **pólizas** de **crédito** o **préstamo**, siempre que el **saldo vivo no supere** el **5%** de su presupuesto.

5. La **contratación** de las Agencias Estatales se rige por la **normativa** aplicable al **sector público**. Las sociedades mercantiles y fundaciones creadas o participadas mayoritariamente por las agencias estatales, deberán ajustar su actividad contractual, en todo caso, a los principios de **publicidad y concurrencia**.

ARTÍCULO 108 SEXIES
RÉGIMEN PRESUPUESTARIO, DE CONTABILIDAD Y CONTROL ECONÓMICO FINANCIERO

1. El **Consejo Rector elaborará y aprobará** el **anteproyecto** de **presupuesto** de la agencia estatal, conforme a lo dispuesto en el contrato de gestión. El anteproyecto de presupuesto de la agencia estatal **será remitido** al **Ministerio** de adscripción para su examen, que dará posterior **traslado** del mismo al **Ministerio de Hacienda**. Una vez analizado por este último departamento ministerial, el anteproyecto se incorpora al de Presupuestos Generales del **Estado** para su aprobación por el **Consejo de Ministros** y remisión a las Cortes Generales, **consolidándose** con el de las restantes entidades que integran el sector público estatal.

2. La **persona titular** del **Ministerio de Hacienda** establece la **estructura** del presupuesto de las agencias estatales, así como la **documentación** que se debe acompañar al mismo.

El presupuesto de gastos de las agencias estatales, tiene carácter **limitativo** por su importe global y carácter estimativo para la distribución de los créditos en categorías económicas, con excepción de los correspondientes a gastos de personal que en todo caso tienen carácter **limitativo** y vinculante por su cuantía total, y de las subvenciones nominativas y las atenciones protocolarias y representativas que tendrán carácter **limitativo** y vinculante cualquiera que sea el nivel de la clasificación económica al que se establezcan.

3. La **autorización** de las **variaciones presupuestarias** corresponde:

A) A la **persona titular** del **Ministerio de Hacienda**, las variaciones de la cuantía global del presupuesto y las que afecten a gastos de personal, a iniciativa del director y **propuesta** del **Consejo Rector**, salvo las previstas en la letra siguiente.

Asímismo, corresponde a la **persona titular** del **Ministerio de Hacienda** acordar o denegar las modificaciones presupuestarias, en los supuestos de competencia de los directores de las agencias estatales, cuando exista **informe** negativo de la Intervención Delegada y el titular de la competencia lo remita en discrepancia al **Ministro de Hacienda**.

B) A la **persona titular** de la **Dirección** de la propia agencia estatal, todas las restantes variaciones, incluso en la cuantía global cuando sean financiadas con **recursos** derivados de los apartados b), e), f), y g) del artículo 108 quinquies por encima de los inicialmente presupuestados, no afecten a gastos de personal y existan garantías suficientes de su efectividad, dando cuenta inmediata a la **Comisión de Control**.

4. Los **remanentes** de **tesorería** que resulten de la liquidación del ejercicio presupuestario no afectados a la financiación del presupuesto del ejercicio siguiente, podrán aplicarse al presupuesto de ingresos y destinarse a **financiar incremento** de **gastos** por acuerdo de la **persona titular** de la Dirección, dando cuenta a la **Comisión de Control**. Los **déficits**

derivados del incumplimiento de la estimación de ingresos anuales se compensarán en la forma que se prevea en el **contrato de gestión**.

5. Las Agencias Estatales podrán adquirir **compromisos** de **gasto** que hayan de extenderse a ejercicios **posteriores** a aquel en que se autoricen, siempre que no se superen alguno de los siguientes **límites**:

A) El número de **ejercicios** a que pueden aplicarse los gastos no será superior a **cuatro**.

B) El **gasto** que se impute a cada uno de los ejercicios posteriores no **podrá** exceder de la cantidad que resulte de aplicar al importe total de cada programa, excluido el capítulo de gastos de personal y los restantes créditos que tengan carácter vinculante, los siguientes **porcentajes**: el 70% en el ejercicio inmediato siguiente, el 60% en el segundo ejercicio y el 50% en los ejercicios tercero y cuarto.

En el caso de gastos de personal o de otros que tengan carácter vinculante, podrán adquirirse compromisos de gasto con cargo a ejercicios futuros dentro de los límites señalados anteriormente, tomando como referencia de cálculo su dotación inicial.

El **Gobierno podrá** acordar la modificación de los límites anteriores en los casos especialmente justificados. A estos efectos, la **persona titular** del **Ministerio de Hacienda**, a iniciativa de la agencia estatal correspondiente, elevará al **Consejo de Ministros** la oportuna **propuesta**, previo **informe** de la Dirección General de Presupuestos.

6. La **ejecución** del **presupuesto** de las agencias estatales corresponde a sus **órganos ejecutivos**, que elaboran y remiten a la **Comisión de Control**, **mensualmente**, un **estado** de **ejecución presupuestaria**.

7. Las Agencias Estatales deberán **aplicar** los **principios contables** que les corresponda de acuerdo con lo establecido en el artículo 121 de la **Ley General Presupuestaria**, con la finalidad de asegurar el adecuado reflejo de las operaciones, los costes y los resultados de su actividad, así como de facilitar datos e información con trascendencia económica.

Corresponde a la **Intervención General de la Administración del Estado establecer** los **criterios** que precise la **aplicación** de la normativa contable a las agencias estatales, en los términos establecidos por la legislación presupuestaria para las entidades del sector público estatal.

8. Las Agencias Estatales dispondrán de:

A) Un **sistema** de **información económica** que:

i) **Muestre**, a través de estados e informes, la imagen fiel del patrimonio, de la situación financiera, de los resultados y de la ejecución del presupuesto.

ii) **Proporcione** información de costes sobre su actividad que sea suficiente para una correcta y eficiente adopción de decisiones.

B) Un **sistema** de **contabilidad** de **gestión** que permita efectuar el seguimiento del cumplimiento de los compromisos asumidos en el contrato de gestión.

La **Intervención General de la Administración del Estado** establece los requerimientos funcionales y, en su caso, los procedimientos informáticos, que deberán observar las agencias estatales para cumplir lo dispuesto en este artículo, de acuerdo con lo dispuesto en el artículo 125 de la **Ley General Presupuestaria**.

9. Las **cuentas anuales** de las agencias estatales **se formulan** por la **persona titular** de la **Dirección** en el plazo de **3 meses** desde el cierre del ejercicio económico. Una vez auditadas dichas cuentas por la **Intervención General de la Administración del Estado** son sometidas al **Consejo Rector**, para su aprobación antes del **30 de junio** del año siguiente al que se refieran.

Una vez aprobadas por el **Consejo Rector**, las cuentas se remitirán a través de la Intervención General de la Administración del **Estado** al Tribunal de Cuentas para su fiscalización. Dicha remisión a la Intervención General se realizará dentro de los **7 meses siguientes** a la terminación del ejercicio económico.

10. El **control externo** de la gestión económico-financiera de las agencias estatales corresponde al **Tribunal de Cuentas** de acuerdo con su normativa específica.

El **control interno** de la gestión económico-financiera de las agencias estatales corresponde a la **Intervención General de la Administración del Estado**, y se realizará bajo las modalidades de **control financiero permanente** y de auditoría pública, en las condiciones y en los términos establecidos en la **Ley General Presupuestaria**. El control financiero permanente se realizará por las **Intervenciones Delegadas** en las Agencias Estatales, bajo la dependencia funcional de la **Intervención General de la Administración del Estado**.

Sin perjuicio del control establecido en el párrafo anterior, las agencias estatales estarán sometidas a un **control de eficacia y de supervisión continua** que será ejercido, a través del **seguimiento del contrato de gestión** y hasta su aprobación a través del plan de actuación en los términos establecidos en el artículo 85.

CAPÍTULO IV
LAS AUTORIDADES ADMINISTRATIVAS INDEPENDIENTES DE ÁMBITO ESTATAL

ARTÍCULO 109
DEFINICIÓN

1. Son autoridades administrativas independientes de ámbito estatal las **entidades de Derecho Público** que, **vinculadas a la Administración General del Estado** y con **personalidad jurídica propia**, tienen atribuidas **funciones de regulación o supervisión de carácter externo** sobre **sectores económicos o actividades determinadas**, por requerir su desempeño de independencia funcional o una especial autonomía respecto de la **Administración General del Estado**, lo que **deberá determinarse en una norma con rango de Ley**.

2. Las autoridades administrativas independientes **actuarán**, en el desarrollo de su actividad y para el cumplimiento de sus fines, **con independencia de cualquier interés empresarial o comercial**.

3. Con independencia de cuál sea su denominación, cuando una entidad tenga la naturaleza jurídica de autoridad administrativa independiente deberá figurar en su **denominación** la indicación **«autoridad administrativa independiente» o su abreviatura «A.A.I.»**.

ARTÍCULO 110
RÉGIMEN JURÍDICO

1. Las autoridades administrativas independientes **se regirán** por su **Ley de creación**, sus **estatutos** y la **legislación especial** de los sectores económicos sometidos a su supervisión y, **supletoriamente** y en cuanto sea compatible con su naturaleza y autonomía, por lo dispuesto en esta **Ley**, en particular lo dispuesto para organismos autónomos, la **Ley del Procedimiento Administrativo Común de las Administraciones Públicas**, la **Ley 47/2003, de 26 de noviembre**, el **Real Decreto** Legislativo 3/2011, de 14 de noviembre, la **Ley 33/2003, de 3 de noviembre**, así como el **resto** de las **normas** de derecho administrativo general y especial que le sea de aplicación. **En defecto** de norma administrativa, se aplicará el derecho **común**.

2. Las autoridades administrativas independientes estarán **sujetas al principio de sostenibilidad financiera** de acuerdo con lo previsto en la **Ley Orgánica 2/2012, de 27 de abril**.

CAPÍTULO V
DE LAS SOCIEDADES MERCANTILES ESTATALES

ARTÍCULO 111
DEFINICIÓN

1. Se entiende por sociedad mercantil estatal aquella sociedad mercantil sobre la que se **ejerce control estatal**:

A) Bien porque la **participación directa**, en su capital social de la **Administración General del Estado** o alguna de las entidades que, conforme a lo dispuesto en el artículo 84, integran el sector público institucional estatal, incluidas las sociedades mercantiles estatales, **sea superior al 50%**. Para la **determinación** de este **porcentaje**, se **sumarán** las participaciones correspondientes a la **Administración General del Estado** y a todas las entidades integradas en el sector público institucional estatal, en el caso de que en el capital social participen varias de ellas.

B) Bien porque la sociedad mercantil se encuentre en el **supuesto previsto en el artículo 4** de la **Ley 24/1988, de 28 de julio**, del Mercado de Valores **respecto** de la **Administración General del Estado** o de sus organismos públicos vinculados o dependientes.

2. En la denominación de las sociedades mercantiles que tengan la condición de estatales **deberá figurar necesariamente la indicación «sociedad mercantil estatal» o su abreviatura «S.M.E.»**.

ARTÍCULO 112
PRINCIPIOS RECTORES

La **Administración General del Estado** y las entidades integrantes del sector público institucional, en cuanto titulares del capital social de las sociedades mercantiles estatales, **perseguirán la eficiencia, transparencia y buen gobierno** en la gestión de dichas sociedades mercantiles, para lo cual **promoverán las buenas prácticas y códigos de conducta adecuados** a la naturaleza de cada entidad. Todo ello **sin perjuicio de la supervisión general** que ejercerá el accionista sobre el funcionamiento de la sociedad mercantil estatal, conforme prevé la **Ley 33/2003, de 3 de noviembre**, del Patrimonio de las **Administraciones Públicas**.

ARTÍCULO 113
RÉGIMEN JURÍDICO

Las sociedades mercantiles estatales **se regirán** por lo previsto en esta **Ley**, lo previsto en la **Ley 33/2003, de 3 de noviembre**, y el ordenamiento jurídico privado, **salvo** en las materias en que le sea de aplicación la normativa presupuestaria, contable, de personal, de control económico-financiero y de contratación. En ningún caso podrán disponer de **facultades que impliquen el ejercicio de autoridad pública**, sin perjuicio de que excepcionalmente la **Ley** pueda atribuirle el **ejercicio de potestades administrativas**.

ARTÍCULO 114
CREACIÓN Y EXTINCIÓN

1. La **creación** de una sociedad mercantil estatal o la adquisición **de este carácter de forma sobrevenida será autorizada mediante acuerdo del Consejo de Ministros** que deberá ser acompañado de una **propuesta de estatutos** y de un **plan de actuación** que **contendrá, al menos**:

A) Las **razones que justifican la creación** de la sociedad por no poder asumir esas funciones otra entidad ya existente, así como la inexistencia de duplicidades. A estos efectos, **deberá dejarse constancia del análisis realizado** sobre la **existencia** de órganos o entidades que desarrollan **actividades análogas** sobre el mismo territorio y población y las **razones** por las que la creación de la nueva sociedad **no entraña duplicidad** con entidades existentes.

B) Un **análisis que justifique que la forma jurídica propuesta resulta más eficiente** frente a la creación de un organismo público u otras alternativas de organización que se hayan descartado.

C) Los **objetivos anuales** y los **indicadores para medirlos**.

Al acuerdo de creación de la sociedad mercantil estatal **se acompañará un informe preceptivo favorable** del **Ministerio de Hacienda y Administraciones Públicas** o la **Intervención General de la Administración del Estado**, según se determine reglamentariamente, que valorará el cumplimiento de lo previsto en este artículo.

El **Programa de Actuación Plurianual** que conforme a la **Ley 47/2003, de 26 de noviembre**, deben elaborar las sociedades cada año **incluirá un plan de actuación anual** que **servirá de base para el control de eficacia de la sociedad**. La **falta de aprobación** del plan de actuación dentro del plazo anual fijado, por causa imputable a la sociedad y hasta tanto se subsane la omisión, **llevará aparejada la paralización de las aportaciones** que deban realizarse a favor de la sociedad con cargo a los **Presupuestos Generales del Estado**.

2. La **liquidación** de una sociedad mercantil estatal **recaerá** en un **órgano** de la **Administración General del Estado** o en una **entidad integrante** del sector público institucional estatal.

La **responsabilidad que le corresponda al empleado público como miembro de la entidad u órgano liquidador será directamente asumida** por la entidad o la **Administración General del Estado que lo designó**, quien **podrá exigir de oficio al empleado público la responsabilidad** que, en su caso, corresponda cuando concurra **dolo**, **culpa o negligencia grave** conforme a lo previsto en las leyes administrativas en materia de responsabilidad patrimonial.

ARTÍCULO 115

RÉGIMEN DE RESPONSABILIDAD APLICABLE A LOS MIEMBROS
DE LOS CONSEJOS DE ADMINISTRACIÓN
DE LAS SOCIEDADES MERCANTILES ESTATALES DESIGNADOS
POR LA ADMINISTRACIÓN GENERAL DEL ESTADO

1. La **responsabilidad** que le corresponda al **empleado público como miembro del consejo de administración será directamente asumida** por la **Administración General del Estado** que lo designó.

2. La **Administración General del Estado podrá exigir de oficio al empleado público** que designó como miembro del consejo de administración la **responsabilidad en que hubiera incurrido** por los daños y perjuicios causados en sus bienes o derechos cuando hubiera concurrido **dolo, o culpa o negligencia graves**, conforme a lo previsto en las leyes administrativas en materia de responsabilidad patrimonial.

Notas:

ARTÍCULO 116
TUTELA

1. Al autorizar la constitución de una sociedad mercantil estatal con **forma de sociedad anónima**, de acuerdo con lo previsto en el artículo 166.2 de la **Ley 33/2003, de 3 de noviembre**, **el Consejo de Ministros podrá atribuir a un Ministerio**, cuyas competencias guarden una relación específica con el objeto social de la sociedad, la **tutela funcional de la misma**.

2. En ausencia de esta atribución expresa **corresponderá íntegramente** al **Ministerio de Hacienda y Administraciones Públicas** el **ejercicio de las facultades** que esta **Ley** y la **Ley 33/2003, de 3 de noviembre**, otorgan para la **supervisión** de la actividad de la sociedad.

3. El Ministerio de tutela **ejercerá el control de eficacia** e **instruirá** a la sociedad respecto a las **líneas de actuación estratégica** y **establecerá las prioridades** en la ejecución de las mismas, y **propondrá** su incorporación a los Presupuestos de Explotación y Capital y Programas de Actuación Plurianual, **previa conformidad**, en cuanto a sus **aspectos financieros**, de la Dirección General del Patrimonio del **Estado** si se trata de sociedades cuyo capital corresponda íntegramente a la **Administración General del Estado**, o del organismo público que sea titular de su capital.

4. En casos **excepcionales**, debidamente justificados, el titular del departamento al que corresponda su tutela **podrá dar instrucciones** a las sociedades, **para que realicen determinadas actividades**, cuando **resulte de interés público su ejecución**.

5. Cuando las instrucciones que imparta el **Ministerio** de tutela impliquen una variación de los Presupuestos de Explotación y Capital de acuerdo con lo dispuesto en la **Ley 47/2003, de 26 de noviembre**, el órgano de administración **no podrá iniciar la cumplimentación de la instrucción sin contar con la autorización del órgano competente para efectuar la modificación correspondiente**.

6. En este caso, **los administradores** de las sociedades a las que se hayan impartido estas instrucciones **actuarán diligentemente** para su ejecución, y **quedarán exonerados de la responsabilidad** prevista en el artículo 236 del **Real Decreto** Legislativo 1/2010, de 2 de julio, por el que se aprueba el texto refundido de la **Ley de Sociedades de Capital, si del cumplimiento de dichas instrucciones se derivaren consecuencias lesivas**.

ARTÍCULO 117
RÉGIMEN PRESUPUESTARIO, DE CONTABILIDAD, CONTROL ECONÓMICO-FINANCIERO Y DE PERSONAL

1. Las sociedades mercantiles estatales **elaborarán anualmente un presupuesto de explotación y capital y un plan de actuación** que forma parte del Programa Plurianual, que **se integrarán** con el Presupuesto General del **Estado**. El Programa **contendrá la revisión trienal del plan de creación** a que se refiere el artículo 85.

2. Las sociedades mercantiles estatales **formularán y rendirán sus cuentas** de acuerdo con los **principios y normas de contabilidad** recogidos en el Código de Comercio y el Plan General de Contabilidad y disposiciones que lo desarrollan.

3. Sin perjuicio de las competencias atribuidas al Tribunal de Cuentas, la **gestión económico-financiera** de las sociedades mercantiles estatales **estará sometida al control** de la **Intervención General de la Administración del Estado.**

4. El **personal** de las sociedades mercantiles estatales, **incluido el que tenga condición de directivo, se regirá por el Derecho laboral**, así como por las normas que le sean de aplicación en función de su adscripción al sector público estatal, incluyendo siempre entre las mismas la normativa presupuestaria, especialmente lo que se establezca en las **Leyes de Presupuestos Generales del Estado**.

CAPÍTULO VI
DE LOS CONSORCIOS

ARTÍCULO 118
DEFINICIÓN Y ACTIVIDADES PROPIAS

1. Los consorcios **son entidades de Derecho Público**, con **personalidad jurídica propia** y **diferenciada**, **creadas por** varias **Administraciones Públicas** o entidades integrantes del sector público institucional, entre sí o con participación de entidades privadas, para el **desarrollo** de **actividades** de **interés común** a todas ellas dentro del ámbito de sus competencias.

2. Los consorcios **podrán realizar actividades** de fomento, prestacionales o de gestión común de servicios públicos y cuantas otras estén previstas en las leyes.

3. Los consorcios **podrán utilizarse para la gestión de los servicios públicos**, en el marco de los convenios de cooperación transfronteriza en que participen las Administraciones españolas, y de acuerdo con las previsiones de los convenios internacionales ratificados por España en la materia.

4. En la **denominación** de los consorcios **deberá figurar necesariamente la indicación** «consorcio» o su abreviatura «C».

ARTÍCULO 119
RÉGIMEN JURÍDICO

1. Los consorcios **se regirán** por lo establecido en esta **Ley**, en la normativa autonómica de desarrollo y sus estatutos.

2. En lo **no previsto en esta Ley**, en la normativa autonómica aplicable, ni en sus Estatutos sobre el régimen del derecho de **separación, disolución, liquidación y extinción**, se estará a lo previsto en el Código Civil sobre la sociedad civil, **salvo el régimen de liquidación**, que se someterá a lo dispuesto en el **artículo 97**, y en su defecto, el **Real Decreto** Legislativo 1/2010, de 2 de julio.

3. Las **normas establecidas** en la **Ley 7/1985, de 2 de abril**, y en la **Ley 27/2013, de 21 de diciembre**, de racionalización y sostenibilidad de la Administración Local sobre los Consorcios locales tendrán **carácter supletorio respecto a lo dispuesto en esta Ley**.

ARTÍCULO 120
RÉGIMEN DE ADSCRIPCIÓN

1. Los **estatutos** de cada consorcio **determinarán la Administración Pública a la que estará adscrito** de conformidad con lo previsto en este artículo.

2. De acuerdo con los siguientes criterios, **ordenados por prioridad en su aplicación** y **referidos a la situación en el primer día del ejercicio presupuestario**, el consorcio quedará adscrito, en cada ejercicio presupuestario y por todo este período, a la Administración Pública que:

A) Disponga de la **mayoría de votos en los órganos de gobierno**.

B) Tenga **facultades para nombrar o destituir a la mayoría de los miembros de los órganos ejecutivos**.

C) Tenga **facultades para nombrar o destituir a la mayoría de los miembros del personal directivo**.

D) Disponga de un **mayor control sobre la actividad del consorcio** debido a una **normativa especial**.

E) Tenga **facultades** para **nombrar o destituir a la mayoría de los miembros del órgano de gobierno**.

F) **Financie en más de un 50%, en su defecto, en mayor medida** la actividad desarrollada por el consorcio, teniendo en cuenta tanto la aportación del fondo patrimonial como la financiación concedida cada año.

G) Ostente el **mayor porcentaje de participación en el fondo patrimonial**.

H) Tenga **mayor número de habitantes o extensión territorial** dependiendo de si los fines definidos en el estatuto están orientados a la prestación de servicios a las personas, o al desarrollo de actuaciones sobre el territorio.

3. En el supuesto de que **participen en el consorcio entidades privadas**, el consorcio **no tendrá ánimo de lucro** y **estará adscrito** a la Administración Pública que resulte de acuerdo con los criterios establecidos en el apartado anterior.

4. **Cualquier cambio de adscripción** a una Administración Pública, cualquiera que fuere su causa, **conllevará la modificación de los estatutos** del consorcio en un **plazo no superior a 6 meses**, contados desde el inicio del ejercicio presupuestario siguiente a aquel en se produjo el cambio de adscripción.

ARTÍCULO 121
RÉGIMEN DE PERSONAL

El personal al servicio de los consorcios **podrá ser funcionario o laboral y habrá de proceder de las Administraciones participantes**, en cuyo caso su **régimen jurídico** será el de la Administración Pública de adscripción y sus **retribuciones en ningún caso podrán superar** las establecidas para puestos de trabajo equivalentes en aquella.

Excepcionalmente, cuando **no resulte posible** contar con personal procedente de las Administraciones participantes en el consorcio en atención a la singularidad de las funciones a desempeñar o cuando, tras un anuncio público de convocatoria para la cobertura de un puesto de trabajo restringida a las Administraciones consorciadas, **no fuera posible** cubrir dicho puesto, el **Ministerio de Hacienda y Función Pública**, u órgano competente de la Administración a la que se adscriba el consorcio, **podrá autorizar** la contratación de personal por parte del consorcio para el ejercicio de dichas funciones, en los términos previstos en la correspondiente **Ley de Presupuestos Generales del Estado**.

ARTÍCULO 122
RÉGIMEN PRESUPUESTARIO, DE CONTABILIDAD, CONTROL ECONÓMICO-FINANCIERO Y PATRIMONIAL

1. Los consorcios estarán **sujetos al régimen de presupuestación, contabilidad y control de la Administración Pública a la que estén adscritos**, sin perjuicio de su sujeción a lo previsto en la **Ley Orgánica 2/2012, de 27 de abril**.

2. A **efectos de determinar la financiación** por parte de las Administraciones consorciadas, se tendrán en cuenta tanto los **compromisos estatutarios o convencionales existentes** como la **financiación real**, mediante el análisis de los desembolsos efectivos de todas las aportaciones realizadas.

3. El órgano de control interno de la Administración a la que se haya adscrito el consorcio, deberá realizar la auditoría de cuentas anuales de aquellos consorcios en los que, a fecha de cierre del ejercicio, concurran, **al menos, dos de las tres circunstancias siguientes:**

A) Que el total de las partidas del activo supere **2.400.000€**.

B) Que el importe total de sus ingresos por gestión ordinaria en el caso de los consorcios del sector público administrativo, o la suma del importe de la cifra de negocios más otros ingresos de gestión, en el caso de los pertenecientes al sector público empresarial, sea superior a **2.400.000€**.

C) Que el número medio de trabajadores empleados durante el ejercicio **sea superior a 50**.

Notas:

_____
_____
_____
_____
_____

Mediante Ley, podrán modificarse los límites anteriores cuando la estructura y composición de los consorcios adscritos a una Administración así lo requiera.

Las circunstancias señaladas anteriormente se aplicarán teniendo en cuenta lo siguiente:

A) Cuando un consorcio, en la fecha de cierre del ejercicio, **pase a cumplir dos** de las citadas circunstancias, o **bien cese de cumplirlas**, tal situación únicamente producirá **efectos** en cuanto a lo señalado si se repite durante **dos ejercicios consecutivos**.

B) En el **primer ejercicio económico** desde su constitución o su adscripción al sector público correspondiente, los consorcios cumplirán lo dispuesto en los apartados anteriormente mencionados **si reúnen**, al cierre de dicho ejercicio, **al menos dos de las tres** circunstancias que se señalan.

C) Aun cuando, según las circunstancias señaladas, no exista obligación de someter las cuentas anuales de un consorcio a auditoría de cuentas, los órganos de control interno podrán, en todo caso, incluir su realización en sus planes anuales de control y auditoría.

4. Los **consorcios** deberán **formar parte** de los **presupuestos** e **incluirse** en la **cuenta general** de la **Administración Pública de adscripción**.

5. Los consorcios se regirán por las normas patrimoniales de la Administración Pública a la que estén adscritos.

ARTÍCULO 123
CREACIÓN

1. Los consorcios se crearán **mediante convenio suscrito** por las Administraciones, organismos públicos o entidades participantes.

2. En los consorcios en los que participe la **Administración General del Estado** o sus organismos públicos y entidades vinculados o dependientes se **requerirá**:

A) Que su creación **se autorice por ley**.

B) El convenio de creación precisará de **autorización previa del Consejo de Ministros**. La competencia para la suscripción del convenio **no podrá** ser **objeto de delegación**, y **corresponderá al titular del departamento ministerial participante**, y en el ámbito de los **organismos autónomos**, al **titular del máximo órgano de dirección del organismo, previo informe del Ministerio** del que dependa o al que esté vinculado.

C) Del **convenio** formarán **parte** los **estatutos**, un **plan de actuación**, de conformidad con lo previsto en el artículo 92, y una **proyección presupuestaria trienal**, además del **informe preceptivo favorable** del **Ministerio de Hacienda y Administraciones Públicas**. El convenio suscrito junto con los estatutos, así como sus modificaciones, serán objeto de publicación en el «**Boletín Oficial del Estado**».

ARTÍCULO 124

CONTENIDO DE LOS ESTATUTOS

Los estatutos de cada consorcio determinarán la Administración Pública a la que estará adscrito, así como su régimen orgánico, funcional y financiero de acuerdo con lo previsto en esta **Ley**, y, **al menos**, los siguientes aspectos:

A) Sede, objeto, fines y funciones.

B) Identificación de participantes en el consorcio, así como las **aportaciones de sus miembros**. A estos efectos, en aplicación del principio de responsabilidad previsto en el artículo 8 de la **Ley Orgánica 2/2012, de 27 de abril**, los estatutos incluirán Cláusulas que limiten las actividades del consorcio si las entidades consorciadas incumplieran los compromisos de financiación o de cualquier otro tipo, así como **fórmulas tendentes al aseguramiento de las cantidades comprometidas** por las entidades consorciadas **con carácter previo a la realización de las actividades presupuestadas**.

C) Órganos de gobierno y administración, así como su **composición y funcionamiento**, con **indicación expresa** del **régimen** de **adopción de acuerdos. Podrán incluirse** cláusulas que contemplen la **suspensión temporal del derecho de voto o a la participación en la formación de los acuerdos** cuando las Administraciones o entidades consorciadas **incumplan manifiestamente sus obligaciones** para con el consorcio, especialmente en lo que se refiere a los compromisos de financiación de las actividades del mismo.

D) Causas de disolución.

ARTÍCULO 125

CAUSAS Y PROCEDIMIENTO PARA EL EJERCICIO DEL DERECHO DE SEPARACIÓN DE UN CONSORCIO

1. Los miembros de un consorcio, al que le resulte de aplicación lo previsto en esta **Ley** o en la **Ley 7/1985, de 2 de abril**, **podrán separarse del mismo en cualquier momento siempre que no se haya señalado término para la duración del consorcio**.

Cuando el consorcio tenga una **duración determinada**, cualquiera de sus miembros **podrá separase antes de la finalización del plazo** si **alguno de los miembros** del consorcio **hubiera incumplido alguna de sus obligaciones estatutarias** y, en particular, aquellas que impidan cumplir con el fin para el que fue creado el consorcio, como es la obligación de realizar **aportaciones al fondo patrimonial**.

Cuando un **municipio deje de prestar un servicio**, de acuerdo con lo previsto en la **Ley 7/1985, de 2 de abril**, y ese servicio **sea uno de los prestados por el Consorcio** al que pertenece, **el municipio podrá separarse del mismo**.

2. El derecho de separación **habrá de ejercitarse mediante escrito notificado al máximo órgano de gobierno del consorcio**. En el escrito deberá **hacerse constar**, en su caso, el **incumplimiento** que motiva la separación si el consorcio tuviera duración determinada, la **formulación** de requerimiento previo de su cumplimiento y el **transcurso** del plazo otorgado para cumplir tras el requerimiento.

ARTÍCULO 126
EFECTOS DEL EJERCICIO DEL DERECHO DE SEPARACIÓN DE UN CONSORCIO

1. El ejercicio del derecho de separación **produce la disolución del consorcio salvo que el resto de sus miembros**, de conformidad con lo previsto en sus estatutos, **acuerden su continuidad** y **sigan permaneciendo en el consorcio, al menos, dos** Administraciones, o entidades u organismos públicos vinculados o dependientes de más de una Administración.

2. Cuando el ejercicio del derecho de separación **no conlleve la disolución** del consorcio **se aplicarán las siguientes reglas**:

A) **Se calculará la cuota de separación que corresponda a quien ejercite su derecho de separación**, de acuerdo con la participación que le hubiera correspondido en el saldo resultante del patrimonio neto, de haber tenido lugar la liquidación, teniendo en cuenta el criterio de reparto dispuesto en los estatutos.

A falta de previsión estatutaria se considerará cuota de separación la que le hubiera **correspondido en la liquidación. En defecto** de determinación de la cuota de liquidación se tendrán en cuenta, tanto el **porcentaje de las aportaciones al fondo patrimonial** del consorcio que haya efectuado quien ejerce el derecho de separación, **como la financiación concedida cada año**. Si el miembro del consorcio que se separa **no hubiere realizado aportaciones por no estar obligado a ello**, el criterio de reparto será la **participación en los ingresos** que, en su caso, hubiera recibido durante el tiempo que ha pertenecido al consorcio.

Se acordará por el consorcio la **forma y condiciones en que tendrá lugar el pago de la cuota de separación, en el supuesto en que esta resulte positiva**, así como la **forma y condiciones del pago de la deuda** que corresponda a quien ejerce el derecho de separación **si la cuota es negativa**.

La **efectiva separación** del consorcio **se producirá** una vez determinada la cuota de separación, en el supuesto en que ésta resulte positiva, o una vez se haya pagado la deuda, si la cuota es negativa.

B) **Si el consorcio estuviera adscrito**, de acuerdo con lo previsto en la **Ley**, a la **Administración que ha ejercido el derecho de separación, tendrá que acordarse por el consorcio a quien se adscribe**, de las restantes Administraciones o entidades u organismos públicos vinculados o dependientes de una Administración que permanecen en el consorcio, **en aplicación de los criterios establecidos en la Ley**.

ARTÍCULO 127
DISOLUCIÓN DEL CONSORCIO

1. La **disolución** del consorcio **produce** su **liquidación** y **extinción. En todo caso** será causa de disolución que los **fines** para los que fue creado el consorcio hayan sido **cumplidos**.

2. El **máximo** órgano de gobierno del consorcio al adoptar el acuerdo de disolución **nombrará un liquidador** que **será un órgano o entidad, vinculada o dependiente, de la Administración Pública a la que el consorcio esté adscrito**.

La **responsabilidad** que le corresponda al **empleado público como miembro de la entidad u órgano liquidador será directamente asumida** por la entidad o la Administración Pública **que lo designó**, quien **podrá exigir de oficio al empleado público la responsabilidad** que, en su caso, corresponda cuando haya concurrido **dolo, culpa o negligencia graves** conforme a lo previsto en las leyes administrativas en materia de responsabilidad patrimonial.

3. **El liquidador calculará la cuota de liquidación** que corresponda a cada miembro del consorcio de conformidad con lo **previsto en los estatutos**. Si **no** estuviera **previsto** en los **estatutos**, **se calculará** la mencionada cuota de **acuerdo con la participación que le corresponda en el saldo resultante del patrimonio neto tras la liquidación**, teniendo en cuenta que el criterio de reparto será el dispuesto en los estatutos.

A falta de previsión estatutaria, **se tendrán en cuenta** tanto el porcentaje de las aportaciones que haya efectuado cada miembro del consorcio al fondo patrimonial del mismo como la financiación concedida cada año. Si alguno de los miembros del consorcio **no hubiere realizado aportaciones por no estar obligado a ello**, el criterio de reparto será la **participación en los ingresos** que, en su caso, hubiera recibido durante el tiempo que ha pertenecido en el consorcio.

4. Se acordará por el consorcio la **forma y condiciones en que tendrá lugar el pago de la cuota de liquidación en el supuesto en que ésta resulte positiva**.

5. Las entidades consorciadas **podrán acordar**, con la mayoría que se establezca en los estatutos, o a falta de previsión estatutaria por unanimidad, la **cesión global de activos y pasivos a otra entidad del sector público jurídicamente adecuada** con la **finalidad de mantener la continuidad de la actividad y alcanzar los objetivos del consorcio que se extingue** La cesión global de activos y pasivos implicará la extinción sin liquidación del consorcio cedente.

CAPÍTULO VII
DE LAS FUNDACIONES DEL SECTOR PÚBLICO ESTATAL

ARTÍCULO 128
DEFINICIÓN Y ACTIVIDADES PROPIAS

1. Son fundaciones del sector público estatal aquellas que reúnan **alguno** de los **requisitos siguientes**:

A) Que **se constituyan de forma inicial**, con una **aportación mayoritaria, directa o indirecta**, de la Administración General del Estado o cualquiera de los sujetos integrantes del sector público institucional estatal, o bien **reciban dicha aportación con posterioridad a su constitución**.

B) Que el **patrimonio** de la fundación esté integrado en **más de un 50%** por **bienes o derechos aportados o cedidos** por la Administración General del Estado o cualquiera de los sujetos integrantes del sector público institucional estatal con **carácter permanente**.

C) La **mayoría de derechos de voto en su patronato** corresponda a **representantes de la Administración General del Estado o del sector público institucional estatal**.

2. Son **actividades propias** de las fundaciones del sector público estatal las realizadas, **sin ánimo de lucro, para el cumplimiento de fines de interés general**, con independencia de que el servicio se preste de forma gratuita o mediante contraprestación.

Únicamente podrán realizar actividades relacionadas con el ámbito competencial de las entidades del sector público fundadoras, debiendo **coadyuvar a la consecución de los fines de las mismas**, sin que ello suponga la asunción de sus competencias propias, salvo previsión legal expresa. Las fundaciones no podrán **ejercer** potestades públicas.

En la **denominación** de las fundaciones del sector público estatal **deberá figurar necesariamente la indicación «fundación del sector público» o su abreviatura «F.S.P.»**.

3. Para la **financiación de las actividades y el mantenimiento de la fundación**, debe haberse previsto la posibilidad de que en el patrimonio de las fundaciones del sector público pueda existir aportación del sector privado **de forma no mayoritaria**.

ARTÍCULO 129
RÉGIMEN DE ADSCRIPCIÓN DE LAS FUNDACIONES

1. Los **estatutos** de cada fundación **determinarán la Administración Pública a la que estará adscrita** de conformidad con lo previsto en este artículo.

2. De acuerdo con los siguientes **criterios, ordenados** por **prioridad en su aplicación**, referidos a la situación en el primer día del ejercicio presupuestario, la **fundación del sector público quedará adscrita, en cada ejercicio presupuestario y por todo este período**, a la Administración Pública que:

A) Disponga de **mayoría** de patronos.

B) Tenga **facultades para nombrar o destituir a la mayoría** de los miembros de los **órganos ejecutivos**.

C) Tenga **facultades para nombrar o destituir a la mayoría** de los miembros del **personal directivo**.

D) Tenga **facultades para nombrar o destituir a la mayoría** de los miembros del **patronato**.

E) Financie en **más de un 50%, en su defecto,** en mayor medida la actividad **desarrollada por la fundación**, teniendo en cuenta tanto la aportación del fondo patrimonial como la financiación **concedida cada año**.

F) Ostente el **mayor** porcentaje de participación en el fondo patrimonial.

G) Si la aplicación de los anteriores **no resultara determinante**, se adscribirá a la Administración General del Estado, y, en el caso de que esta no participe, **se adscribirá a la Administración que decida su patronato**.

3. En el supuesto de que participen en la fundación **entidades privadas sin ánimo de lucro**, la fundación del sector público estará adscrita a la Administración que resulte de acuerdo con los **criterios establecidos en el apartado anterior**.

4. El **cambio de adscripción** a una Administración Pública, **cualquiera que fuere su causa, conllevará la modificación de los estatutos** que deberá realizarse en un **plazo no superior a 3 meses**, contados desde el inicio del ejercicio presupuestario siguiente a aquél en se produjo el cambio de adscripción.

5. Las fundaciones estarán **sujetas** al **régimen presupuestario**, **económico-financiero** y de **control** de la Administración Pública a la que estén adscritas.

ARTÍCULO 130
RÉGIMEN JURÍDICO

Las fundaciones del sector público estatal **se rigen por** lo previsto en **esta Ley**, por la **Ley 50/2002, de 26 de diciembre**, de Fundaciones, la **legislación autonómica** que resulte aplicable en materia de fundaciones, y el **ordenamiento jurídico privado**, **salvo** en las materias en que le sea de aplicación la **normativa presupuestaria**, **contable**, de **control económico-financiero** y de **contratación del sector público**.

ARTÍCULO 131
RÉGIMEN DE CONTRATACIÓN

La contratación de las fundaciones del **sector público estatal se ajustará** a lo dispuesto en la legislación sobre **contratación del sector público**.

ARTÍCULO 132
RÉGIMEN PRESUPUESTARIO, DE CONTABILIDAD, DE CONTROL ECONÓMICO-FINANCIERO Y DE PERSONAL

1. Las fundaciones del sector público estatal **elaborarán anualmente un presupuesto de explotación y capital**, que **se integrarán** con el Presupuesto General del **Estado** y **formularán y presentarán sus cuentas** de acuerdo con los **principios y normas de contabilidad** recogidos en la adaptación del Plan General de Contabilidad a las entidades sin fines lucrativos y disposiciones que lo desarrollan, así como la normativa vigente sobre fundaciones.

2. Las fundaciones del sector público estatal **aplicarán el régimen** presupuestario, económico-financiero, de contabilidad, y de **control** establecido por la **Ley 47/2003, de 26 de noviembre**, y **sin perjuicio de las competencias atribuidas al Tribunal de Cuentas, estarán sometidas al control de la Intervención General de la Administración del Estado**.

3. El **personal** de las fundaciones del sector público estatal, **incluido el que tenga condición de directivo, se regirá por el Derecho laboral**, así como por las **normas que le sean de aplicación en función de su adscripción al sector público estatal**, incluyendo entre las mismas la **normativa presupuestaria**, así como lo que se establezca en las **Leyes de Presupuestos Generales del Estado**.

ARTÍCULO 133
CREACIÓN DE FUNDACIONES DEL SECTOR PÚBLICO ESTATAL

1. La **creación** de las fundaciones del sector público estatal o la **adquisición de este carácter de forma sobrevenida se realizará por ley** que establecerá los **fines de la fundación** y, en su caso, los **recursos económicos** con los que se le dota.

2. El **anteproyecto de Ley** de creación de una fundación del sector público estatal que se eleve al **Consejo de Ministros deberá ser acompañado** de una **propuesta de estatutos y del plan de actuación**, de conformidad con lo previsto en el artículo 92, junto con el **informe preceptivo favorable** del **Ministerio de Hacienda y Administraciones Públicas** o la **Intervención General de la Administración del Estado**, según se determine reglamentariamente.

3. Los **estatutos** de las fundaciones del sector público estatal **se aprobarán por Real Decreto de Consejo de Ministros, a propuesta conjunta del** titular del **Ministerio de Hacienda y Administraciones Públicas** y **ministerio** que ejerza el protectorado, que estará determinado en sus Estatutos. No obstante, por **Acuerdo del Consejo de Ministros podrá** modificarse el Ministerio al que se adscriba inicialmente la fundación.

ARTÍCULO 134
PROTECTORADO

El Protectorado de las fundaciones del sector público **será ejercido por el órgano de la Administración de adscripción que tenga atribuida tal competencia**, que **velará por el cumplimiento de las obligaciones** establecidas en la normativa sobre fundaciones, **sin perjuicio del control de eficacia y la supervisión continua** al que están sometidas de acuerdo con lo previsto en esta **Ley**.

ARTÍCULO 135
ESTRUCTURA ORGANIZATIVA

En las fundaciones del sector público estatal la **mayoría de miembros del patronato serán designados por los sujetos del sector público estatal**.

La **responsabilidad** que le corresponda al empleado público como miembro del patronato será **directamente asumida por la entidad** o la **Administración General del Estado que lo designó**. La **Administración General del Estado podrá exigir de oficio** al empleado público que designó a esos efectos **la responsabilidad en que hubiera incurrido** por los daños y perjuicios causados en sus bienes o derechos cuando hubiera concurrido **dolo, o culpa o negligencia graves**, conforme a lo previsto en las leyes administrativas en materia de responsabilidad patrimonial.

CINTHIA MOURE

ARTÍCULO 136
FUSIÓN, DISOLUCIÓN, LIQUIDACIÓN Y EXTINCIÓN

A las fundaciones del sector público estatal le resultará de aplicación el **régimen de fusión, disolución, liquidación y extinción** previsto en los artículos **94, 96 y 97**.

CAPÍTULO VIII
DE LOS FONDOS CARENTES DE PERSONALIDAD JURÍDICA DEL SECTOR PÚBLICO ESTATAL

ARTÍCULO 137
CREACIÓN Y EXTINCIÓN

1. La creación de fondos carentes de personalidad jurídica en el sector público estatal **se efectuará por Ley**. La norma de creación **determinará expresamente su adscripción** a la **Administración General del Estado**.

2. Con independencia de su creación por **Ley se extinguirán por norma de rango reglamentario**.

3. En la denominación de los fondos carentes de personalidad jurídica **deberá figurar necesariamente la indicación «fondo carente de personalidad jurídica»** o su abreviatura **«F.C.P.J.»**.

ARTÍCULO 138
RÉGIMEN JURÍDICO

Los fondos carentes de personalidad jurídica se regirán por lo dispuesto en **esta Ley**, en su **norma de creación**, y el **resto de las normas de derecho administrativo** general y especial que le sea de aplicación.

ARTÍCULO 139
RÉGIMEN PRESUPUESTARIO, DE CONTABILIDAD Y DE CONTROL ECONÓMICO-FINANCIERO

Los fondos carentes de personalidad jurídica **estarán sujetos al régimen de presupuestación, contabilidad y control** previsto en la **Ley 47/2003, de 26 de noviembre**.

Notas:

TÍTULO

03

Relaciones interadministrativas

PRINCIPIOS GENERALES DE LAS RELACIONES INTERADMINISTRATIVAS

ARTÍCULO 140

PRINCIPIOS DE LAS RELACIONES INTERADMINISTRATIVAS

1. Las **diferentes Administraciones Públicas** actúan y se relacionan con otras Administraciones y entidades u organismos vinculados o dependientes de éstas de acuerdo con los siguientes **principios**:

A) **Lealtad institucional**.

B) **Adecuación** al orden de **distribución** de **competencias** establecido en la Constitución y en los Estatutos de Autonomía y en la normativa del régimen local.

C) **Colaboración**, entendido como el **deber de actuar** con el resto de **Administraciones Públicas** para el logro de fines comunes.

D) **Cooperación**, cuando dos o más **Administraciones Públicas**, de manera voluntaria y en ejercicio de sus competencias, asumen **compromisos específicos** en aras de una **acción común**.

E) **Coordinación**, en virtud del cual una Administración Pública y, **singularmente**, la **Administración General del Estado**, tiene la obligación de garantizar la coherencia de las actuaciones de las diferentes **Administraciones Públicas** afectadas por una misma materia para la consecución de un resultado común, cuando así lo prevé la Constitución y el resto del ordenamiento jurídico.

F) **Eficiencia** en la **gestión** de los **recursos públicos**, compartiendo el uso de **recursos** comunes, salvo que no resulte posible o se justifique en términos de su mejor aprovechamiento.

G) **Responsabilidad** de cada Administración Pública en el **cumplimiento** de sus obligaciones y compromisos.

H) **Garantía** e **igualdad** en el **ejercicio** de los derechos de todos los ciudadanos en sus relaciones con las diferentes Administraciones.

I) **Solidaridad interterritorial** de acuerdo con la **Constitución**.

2. En lo **no previsto** en el presente Título, las relaciones entre la **Administración General del Estado** o las Administraciones de las **Comunidades Autónomas** con las Entidades que integran la Administración Local **se regirán** por la legislación básica en materia de régimen local.

Notas:

CAPÍTULO II

DEBER DE COLABORACIÓN

ARTÍCULO 141

DEBER DE COLABORACIÓN ENTRE LAS ADMINISTRACIONES PÚBLICAS

1. Las **Administraciones Públicas** deberán:

A) **Respetar** el **ejercicio legítimo** por las otras Administraciones de sus competencias.

B) **Ponderar**, en el **ejercicio** de las **competencias** propias, la totalidad de los intereses públicos implicados y, en concreto, aquellos cuya gestión esté encomendada a las otras Administraciones.

C) **Facilitar** a las otras Administraciones la **información** que precisen sobre la actividad que desarrollen en el ejercicio de sus propias competencias o que sea necesaria para que los ciudadanos puedan acceder de forma integral a la información relativa a una materia.

D) **Prestar**, en el **ámbito propio**, la asistencia que las otras Administraciones pudieran solicitar para el eficaz ejercicio de sus competencias.

E) **Cumplir** con las **obligaciones concretas** derivadas del deber de colaboración y las restantes que se establezcan normativamente.

2. La asistencia y colaboración requerida **sólo podrá negarse** cuando el organismo público o la entidad del que se solicita **no** esté **facultado** para prestarla de acuerdo con lo previsto en su normativa específica, **no disponga** de medios suficientes para ello o cuando, de hacerlo, causara un **perjuicio grave** a los intereses cuya tutela tiene encomendada o al cumplimiento de sus propias funciones o cuando la información solicitada tenga **carácter confidencial o reservado**. La **negativa** a prestar la asistencia se **comunicará motivadamente** a la Administración solicitante.

3. La **Administración General del Estado**, las de las **Comunidades Autónomas** y las de las **Entidades Locales deberán colaborar y auxiliarse para la ejecución de sus actos** que hayan de realizarse o tengan efectos fuera de sus respectivos ámbitos territoriales. Los **posibles costes** que pueda generar el deber de colaboración **podrán ser repercutidos** cuando así se acuerde.

ARTÍCULO 142

TÉCNICAS DE COLABORACIÓN

Las **obligaciones** que se derivan del deber de colaboración se harán efectivas a través de las siguientes **técnicas**:

A) El **suministro** de información, datos, documentos o medios probatorios que se hallen **a disposición** del organismo público o la entidad al que se dirige la solicitud y que la Administración solicitante **precise disponer** para el ejercicio de sus competencias.

B) La **colaboración** a fin de proporcionar la **inclusión en un sistema integrado** de información de las respectivas áreas personalizadas o carpetas ciudadanas, o determinadas funcionalidades de las mismas, de forma que el interesado pueda acceder a sus contenidos, notificaciones o funcionalidades mediante **procedimientos seguros** que garanticen la integridad y confidencialidad de los datos de carácter personal, **independientemente** de cuál haya sido el **punto de acceso**.

C) El **desarrollo de la Plataforma Digital de Colaboración** entre las Administraciones Públicas como **instrumento** destinado a **facilitar las relaciones y el soporte electrónico** de los órganos integrantes del sistema de Conferencias Sectoriales y en general de los órganos de cooperación, así como de otras de plataformas comunes para el intercambio de datos en el ámbito de todas las Administraciones Públicas.

D) La **creación y mantenimiento** de **sistemas integrados de información administrativa** con el fin de disponer de datos actualizados, completos y permanentes referentes a los diferentes ámbitos de actividad administrativa en todo el territorio nacional.

E) El **deber de asistencia y auxilio**, para atender las **solicitudes** formuladas por **otras Administraciones** para el mejor ejercicio de sus competencias, en especial cuando los efectos de su actividad administrativa **se extiendan fuera** de su ámbito territorial.

F) Cualquier **otra** prevista en una **Ley**.

CAPÍTULO III
RELACIONES DE COOPERACIÓN

SECCIÓN 1.ª
TÉCNICAS DE COOPERACIÓN

ARTÍCULO 143
COOPERACIÓN ENTRE ADMINISTRACIONES PÚBLICAS

1. Las Administraciones **cooperarán** al **servicio del interés general** y **podrán** acordar de manera voluntaria la forma de **ejercer** sus respectivas competencias que mejor sirva a este principio.

2. La **formalización** de **relaciones de cooperación** requerirá la aceptación **expresa** de las partes, formulada en acuerdos de órganos de cooperación o en convenios.

ARTÍCULO 144
TÉCNICAS DE COOPERACIÓN

1. Se **podrá** dar cumplimiento al principio de cooperación de acuerdo con las técnicas que las Administraciones interesadas estimen más adecuadas, como pueden ser:

A) La **participación** en **órganos de cooperación**, con el fin de deliberar y, en su caso, acordar medidas en materias sobre las que tengan competencias diferentes **Administraciones Públicas**.

B) La **participación** en **órganos consultivos** de otras **Administraciones Públicas**.

C) La **participación** de una Administración Pública **en organismos públicos o entidades dependientes o vinculados** a otra Administración diferente.

D) La **prestación** de **medios** materiales, económicos o personales a otras **Administraciones Públicas**.

E) La **cooperación interadministrativa** para la aplicación coordinada de la normativa reguladora de una determinada materia.

F) La **emisión** de **informes no preceptivos** con el fin de que las diferentes Administraciones expresen su criterio sobre propuestas o actuaciones que incidan en sus competencias.

G) Las **actuaciones** de **cooperación** en **materia patrimonial**, incluidos los cambios de titularidad y la cesión de bienes, previstas en la legislación patrimonial.

H) Cualquier **otra** prevista en la **Ley**.

2. En los convenios y acuerdos en los que se formalice la cooperación **se preverán** las **condiciones y compromisos** que asumen las partes que los suscriben.

3. Cada Administración Pública **mantendrá actualizado** un **registro electrónico** de los órganos de cooperación en los que participe y de convenios que haya suscrito.

SECCIÓN 2.ª
TÉCNICAS ORGÁNICAS DE COOPERACIÓN

ARTÍCULO 145
ÓRGANOS DE COOPERACIÓN

1. Los órganos de cooperación **son** órganos de **composición** multilateral o bilateral, de **ámbito** general o especial, **constituidos** por representantes de la **Administración General del Estado**, de las Administraciones de las Comunidades o Ciudades de Ceuta y Melilla o, en su caso, de las **Entidades Locales**, **para acordar voluntariamente** actuaciones que mejoren el ejercicio de las competencias que cada Administración Pública tiene.

2. Los órganos de cooperación **se regirán** por lo dispuesto en esta **Ley** y por las disposiciones específicas que les sean de aplicación.

3. Los órganos de cooperación entre distintas **Administraciones Públicas** en los que participe la **Administración General del Estado**, deberán **inscribirse** en el **Registro estatal** de Órganos e Instrumentos de Cooperación **para que resulte válida su sesión constitutiva**.

4. Los órganos de cooperación, salvo oposición por alguna de las partes, **podrán adoptar** acuerdos a través de un **procedimiento simplificado y por suscripción sucesiva** de las partes, por cualquiera de las formas admitidas en Derecho, en los términos que se establezcan de **común acuerdo**.

ARTÍCULO 146
CONFERENCIA DE PRESIDENTES

1. La Conferencia de Presidentes **es un órgano de cooperación multilateral** entre el **Gobierno** de la Nación y los respectivos Gobiernos de las **Comunidades Autónomas** y está formada por el Presidente del **Gobierno**, que la preside, y por los Presidentes de las **Comunidades Autónomas** y de las Ciudades de Ceuta y Melilla.

2. La Conferencia de Presidentes **tiene por objeto** la **deliberación** de asuntos y la **adopción** de acuerdos de interés para el **Estado** y las **Comunidades Autónomas**, estando **asistida** para la preparación de sus reuniones por un **Comité preparatorio** del que forman parte un **Ministro** del **Gobierno**, que lo **preside**, y un Consejero de cada Comunidad Autónoma.

ARTÍCULO 147
CONFERENCIAS SECTORIALES

1. La Conferencia Sectorial **es un órgano de cooperación**, de **composición** multilateral y **ámbito** sectorial determinado, **que reúne**, como Presidente, al miembro del **Gobierno** que, en representación de la **Administración General del Estado**, resulte competente por razón de la materia, y a los correspondientes miembros de los Consejos de **Gobierno**, en representación de las **Comunidades Autónomas** y de las Ciudades de **Ceuta** y **Melilla**.

2. Las Conferencias Sectoriales, u órganos sometidos a su régimen jurídico con otra denominación, habrán de **inscribirse** en el **Registro Electrónico estatal** de Órganos e Instrumentos de Cooperación para su válida constitución.

3. Cada Conferencia Sectorial **dispondrá de un reglamento** de organización y funcionamiento interno aprobado por sus miembros.

ARTÍCULO 148
FUNCIONES DE LAS CONFERENCIAS SECTORIALES

1. Las Conferencias Sectoriales pueden **ejercer funciones consultivas**, **decisorias** o de **coordinación** orientadas a alcanzar acuerdos sobre materias comunes.

2. En particular, las Conferencias Sectoriales **ejercerán**, entre otras, las siguientes **funciones**:

A) **Ser informadas** sobre los anteproyectos de leyes y los proyectos de reglamentos del **Gobierno** de la Nación o de los Consejos de **Gobierno** de las **Comunidades Autónomas** cuando afecten de manera directa al ámbito competencial de las otras **Administraciones Públicas** o cuando así esté previsto en la normativa sectorial aplicable, **bien a través** de su pleno o bien a través de la comisión o el grupo de trabajo mandatado al efecto.

B) **Establecer planes específicos** de cooperación entre **Comunidades Autónomas** en la materia sectorial correspondiente, **procurando** la supresión de duplicidades, y la consecución de una mejor eficiencia de los servicios públicos.

C) Intercambiar información sobre las actuaciones programadas por las distintas **Administraciones Públicas**, en ejercicio de sus competencias, y que puedan afectar a las otras Administraciones.

D) Establecer mecanismos de intercambio de información, **especialmente** de contenido estadístico.

E) Acordar la **organización interna** de la Conferencia Sectorial y de su método de trabajo.

F) Fijar los criterios objetivos que sirvan de base para la distribución territorial de los créditos presupuestarios, así como su distribución al comienzo del ejercicio económico, de acuerdo con lo previsto en la **Ley 47/2003, de 26 de noviembre**.

ARTÍCULO 149
CONVOCATORIA DE LAS REUNIONES DE LAS CONFERENCIAS SECTORIALES

1. Corresponde al **Ministro** que presida la Conferencia Sectorial **acordar** la convocatoria de las reuniones por iniciativa propia, **al menos una vez al año**, o cuando lo soliciten, al menos, **la tercera parte** de sus miembros. En este **último caso**, la solicitud deberá incluir la **propuesta de orden del día**.

2. La convocatoria, que deberá acompañarse de los **documentos necesarios** con la suficiente antelación, **deberá contener el orden del día** previsto para cada sesión, **sin que** puedan examinarse asuntos que no figuren en el mismo, **salvo** que **todos** los miembros de la Conferencia Sectorial manifiesten su conformidad. El **orden del día** de cada reunión será **propuesto** por el Presidente y deberá **especificar** el carácter consultivo, decisorio o de coordinación de cada uno de los **asuntos** a tratar.

3. Cuando la conferencia sectorial hubiera de reunirse con el **objeto exclusivo** de **informar** un **proyecto normativo**, la convocatoria, la constitución y adopción de acuerdos **podrá** efectuarse por medios electrónicos, telefónicos o audiovisuales, que garanticen la intercomunicación entre ellos y la unidad de acto, tales como la videoconferencia o el correo electrónico, **entendiéndose los acuerdos adoptados** en el **lugar** donde esté la **presidencia**, de acuerdo con el **procedimiento** que se establezca en el **reglamento de funcionamiento interno** de la conferencia sectorial.

De conformidad con lo previsto en este apartado la **elaboración y remisión de actas podrá** realizarse a través de medios electrónicos.

ARTÍCULO 150
SECRETARÍA DE LAS CONFERENCIAS SECTORIALES

1. Cada Conferencia Sectorial tendrá un secretario que será **designado** por el **Presidente** de la Conferencia Sectorial.

2. Corresponde al secretario de la Conferencia Sectorial, **al menos**, las siguientes **funciones**:

A) Preparar las reuniones y **asistir a ellas** con voz pero sin voto.

B) Efectuar la **convocatoria** de las sesiones de la Conferencia Sectorial **por orden** del Presidente.

C) **Recibir** los **actos de comunicación** de los miembros de la Conferencia Sectorial y, por tanto, las notificaciones, peticiones de datos, rectificaciones o cualquiera otra clase de escritos de los que deba tener conocimiento.

D) **Redactar** y **autorizar** las **actas** de las sesiones.

E) **Expedir** **certificaciones** de las consultas, recomendaciones y acuerdos aprobados y **custodiar** la **documentación generada** con motivo de la celebración de sus reuniones.

F) Cuantas **otras funciones** sean **inherentes** a su condición de secretario.

ARTÍCULO 151
CLASES DE DECISIONES DE LA CONFERENCIA SECTORIAL

1. La adopción de decisiones requerirá la **previa votación** de los miembros de la Conferencia Sectorial. Esta votación se producirá por la representación que cada Administración Pública tenga y no por los distintos miembros de cada una de ellas.

2. Las decisiones que adopte la Conferencia Sectorial **podrán revestir la forma de**:

A) **Acuerdo**: supone un compromiso de actuación en el ejercicio de las respectivas competencias. Son **de obligado cumplimiento y directamente exigibles** de acuerdo con lo previsto en la **Ley 29/1998, de 13 de julio**, reguladora de la Jurisdicción Contencioso-administrativa, salvo para quienes hayan votado en contra mientras no decidan suscribirlos con posterioridad. El acuerdo será certificado en acta.

Cuando la **Administración General del Estado ejerza funciones de coordinación**, de acuerdo con el orden constitucional de distribución de competencias del ámbito material respectivo, el Acuerdo que se adopte en la Conferencia Sectorial, y en el que se incluirán los votos particulares que se hayan formulado, **será** de **obligado cumplimiento** para todas las **Administraciones Públicas** integrantes de la Conferencia Sectorial, con independencia del sentido de su voto, siendo exigibles conforme a lo establecido en la **Ley 29/1998, de 13 de julio**. El acuerdo será **certificado** en **acta**.

Las Conferencias Sectoriales **podrán adoptar planes conjuntos**, de **carácter multilateral**, entre la **Administración General del Estado** y la de las **Comunidades Autónomas**, **para comprometer actuaciones conjuntas** para la consecución de los objetivos comunes, que tendrán la naturaleza de Acuerdo de la conferencia sectorial y **se publicarán** en el «**Boletín Oficial del Estado**».

El **acuerdo aprobatorio** de los planes **deberá especificar**, según su naturaleza, los siguientes elementos, de acuerdo con lo previsto en la legislación presupuestaria:

1º Los **objetivos** de interés común a cumplir.

2º Las **actuaciones** a desarrollar por cada Administración.

3º Las **aportaciones** de medios personales y materiales de cada Administración.

4º Los **compromisos** de aportación de **recursos** financieros.

5º La **duración**, así como los **mecanismos** de **seguimiento**, **evaluación** y **modificación**.

B) Recomendación: tiene como **finalidad** expresar la opinión de la Conferencia Sectorial sobre un asunto que se somete a su consulta. Los **miembros** de la Conferencia Sectorial **se comprometen** a orientar su actuación en esa materia de conformidad con lo previsto en la Recomendación **salvo** quienes hayan votado en contra mientras no decidan suscribirla con posterioridad. Si algún miembro se aparta de la Recomendación, deberá motivarlo e incorporar dicha justificación en el correspondiente expediente.

ARTÍCULO 152
COMISIONES SECTORIALES Y GRUPOS DE TRABAJO

1. La Comisión Sectorial es el **órgano de trabajo y apoyo de carácter general** de la Conferencia Sectorial, estando **constituida** por el Secretario de **Estado** u órgano superior de la **Administración General del Estado designado** al efecto por el **Ministro** correspondiente, que la **presidirá, y un representante de cada Comunidad Autónoma**, así como un representante de la Ciudad de **Ceuta** y de la Ciudad **Melilla**. El ejercicio de las funciones propias de la **secretaría** de la Comisión Sectorial corresponderá a un **funcionario** del **Ministerio** correspondiente.

Si así se prevé en el reglamento interno de funcionamiento de la Conferencia Sectorial, las comisiones sectoriales y grupos de trabajo podrán funcionar de **forma electrónica o por medios telefónicos o audiovisuales**, que garanticen la intercomunicación entre ellos y la unidad de acto, tales como la videoconferencia o el correo electrónico, entendiendo los **acuerdos** adoptados en el lugar donde esté **la presidencia**, de acuerdo con el procedimiento que se establezca en el reglamento de funcionamiento interno de la Conferencia Sectorial.

2. La Comisión Sectorial ejercerá las siguientes **funciones**:

A) La **preparación** de las **reuniones** de la Conferencia Sectorial, para lo que tratará los asuntos incluidos en el orden del día de la convocatoria.

B) El **seguimiento** de los **acuerdos** adoptados por la Conferencia Sectorial.

C) El **seguimiento** y **evaluación** de los **Grupos de trabajo** constituidos.

D) Cualquier **otra** que **le encomiende** la **Conferencia Sectorial**.

3. Las Conferencias Sectoriales **podrán crear Grupos de trabajo**, de **carácter** permanente o temporal, **formados** por Directores Generales, Subdirectores Generales o equivalentes de las diferentes **Administraciones Públicas** que formen parte de dicha Conferencia, para llevar a cabo las **tareas técnicas** que les asigne la Conferencia Sectorial o la Comisión Sectorial. A estos grupos de trabajo podrán ser **invitados** expertos de reconocido prestigio en la materia a tratar.

El **director** del Grupo de trabajo, que será un representante de la **Administración General del Estado, podrá solicitar** con el voto favorable de la mayoría de sus miembros, la **participación** en el mismo de las **organizaciones representativas** de intereses afectados, con el fin de recabar propuestas o formular consultas.

ARTÍCULO 153
COMISIONES BILATERALES DE COOPERACIÓN

1. Las Comisiones Bilaterales de Cooperación son **órganos de cooperación** de **composición bilateral** que **reúnen**, por un **número igual** de representantes, a miembros del **Gobierno**, en representación de la **Administración General del Estado**, y miembros del **Consejo de Gobierno** de la Comunidad Autónoma o representantes de la Ciudad de Ceuta o de la Ciudad de Melilla.

2. Las Comisiones Bilaterales de Cooperación ejercen **funciones** de consulta y adopción de acuerdos **que tengan por objeto** la **mejora de la coordinación** entre las respectivas Administraciones en asuntos que afecten **de forma singular** a la Comunidad Autónoma, a la Ciudad de Ceuta o a la Ciudad de Melilla.

3. Para el desarrollo de su actividad, las Comisiones Bilaterales de Cooperación podrán **crear Grupos de trabajo** y podrán **convocarse** y **adoptar** acuerdos por videoconferencia o por medios electrónicos.

4. Las **decisiones adoptadas** por las Comisiones Bilaterales de Cooperación revestirán la **forma** de Acuerdos y serán de **obligado cumplimiento**, cuando así se prevea **expresamente**, para las dos Administraciones que lo suscriban y en ese caso serán exigibles conforme a lo establecido en la **Ley 29/1998, de 13 de julio**. El **acuerdo** será **certificado en acta**.

5. Lo previsto en este artículo será de aplicación sin perjuicio de las peculiaridades que, de acuerdo con las **finalidades básicas previstas**, se establezcan en los Estatutos de Autonomía en materia de organización y funciones de las comisiones bilaterales.

ARTÍCULO 154
COMISIONES TERRITORIALES DE COORDINACIÓN

1. Cuando la **proximidad territorial o la concurrencia de funciones administrativas** así lo requiera, podrán crearse Comisiones Territoriales de Coordinación, de composición multilateral, entre Administraciones cuyos territorios sean **coincidentes o limítrofes**, para **mejorar** la coordinación de la prestación de servicios, **prevenir** duplicidades y **mejorar** la eficiencia y calidad de los servicios. En función de las Administraciones afectadas por razón de la materia, estas Comisiones **podrán estar formadas por**:

A) Representantes de la **Administración General del Estado** y representantes de las **Entidades Locales**.

B) Representantes de las **Comunidades Autónomas** y representantes de las **Entidades Locales**.

C) Representantes de la **Administración General del Estado**, representantes de las **Comunidades Autónomas** y representantes de las **Entidades Locales**.

2. La **decisiones adoptadas** por las Comisiones Territoriales de Cooperación revestirán la forma de **Acuerdos**, que **serán certificados en acta** y serán de **obligado cumplimiento** para las Administraciones que lo suscriban y exigibles conforme a lo establecido en la **Ley 29/1998, de 13 de julio**.

3. El **régimen** de las convocatorias y la secretaría será el **mismo** que el establecido para las **Conferencias Sectoriales** en los artículos 149 y 150, salvo la regla prevista sobre quién debe **ejercer** las funciones de **secretario**, que se designará según su reglamento interno de funcionamiento.

CAPÍTULO IV
RELACIONES ELECTRÓNICAS ENTRE LAS ADMINISTRACIONES

ARTÍCULO 155
TRANSMISIONES DE DATOS ENTRE ADMINISTRACIONES PÚBLICAS

1. De conformidad con lo dispuesto en el Reglamento (UE) 2016/679 del Parlamento Europeo y del Consejo, de 27 de abril de 2016, relativo a la protección de las personas físicas en lo que respecta al tratamiento de datos personales y a la libre circulación de estos datos y por el que se deroga la Directiva 95/46/CE y en la **Ley Orgánica 3/2018, de 5 de diciembre, de Protección de Datos Personales y garantía de los derechos digitales y su normativa de desarrollo**, cada Administración deberá facilitar el **acceso** de las **restantes Administraciones Públicas** a los **datos** relativos a los **interesados** que obren en su poder, **especificando** las **condiciones**, **protocolos** y **criterios** funcionales o técnicos necesarios para **acceder** a dichos datos con las **máximas garantías** de **seguridad, integridad** y **disponibilidad**.

2. En ningún caso podrá procederse a un **tratamiento ulterior** de los datos para **fines incompatibles** con el fin para el cual se recogieron inicialmente los datos personales. De acuerdo con lo previsto en el artículo 5.1.b) del Reglamento (UE) 2016/679, **no se considerará incompatible** con los fines iniciales el tratamiento ulterior de los datos personales con **fines de archivo** en interés público, **fines de investigación científica e histórica** o **fines estadísticos**.

3. Fuera del caso previsto en el apartado anterior y **siempre que las leyes especiales aplicables** a los respectivos tratamientos **no prohíban expresamente** el tratamiento ulterior de los datos para una finalidad distinta, cuando la **Administración Pública** cesionaria de los datos pretenda el tratamiento ulterior de los mismos para una finalidad que estime compatible con el fin inicial, **deberá comunicarlo previamente** a la Administración Pública cedente a los efectos de que esta pueda comprobar dicha compatibilidad. La Administración Pública cedente podrá, en el plazo de diez días oponerse motivadamente. Cuando la Administración cedente sea la **Administración General del Estado** podrá en este supuesto, **excepcionalmente** y **de forma motivada**, **suspender la transmisión de datos** por razones de seguridad nacional de forma cautelar por el tiempo estrictamente indispensable para su preservación. En tanto que la **Administración Pública** cedente no comunique su decisión a la cesionaria esta **no podrá emplear** los datos para la nueva finalidad pretendida.

Se exceptúan de lo dispuesto en el párrafo anterior los supuestos en que el tratamiento para **otro fin distinto** de aquel para el que se recogieron los datos personales esté previsto en una norma con rango de ley de conformidad con lo previsto en el artículo 23.1 del Reglamento (UE) 2016/679.

ARTÍCULO 156
ESQUEMA NACIONAL DE INTEROPERABILIDAD Y ESQUEMA NACIONAL DE SEGURIDAD

1. El Esquema Nacional de Interoperabilidad **comprende** el **conjunto** de **criterios** y **recomendaciones** en materia de seguridad, conservación y normalización de la información, de los formatos y de las aplicaciones que deberán ser tenidos en cuenta por las **Administraciones Públicas para la toma de decisiones tecnológicas** que garanticen la **interoperabilidad**.

2. El Esquema Nacional de Seguridad tiene por objeto **establecer la política de seguridad** en la **utilización de medios electrónicos** en el ámbito de la presente **Ley**, y está **constituido** por los **principios** básicos y **requisitos** mínimos que **garanticen** adecuadamente la **seguridad** de la **información tratada**.

ARTÍCULO 157
REUTILIZACIÓN DE SISTEMAS Y APLICACIONES DE PROPIEDAD DE LA ADMINISTRACIÓN

1. Las Administraciones **pondrán a disposición** de cualquiera de ellas que **lo solicite** las **aplicaciones**, desarrolladas por sus servicios o que hayan sido objeto de contratación y de cuyos derechos de **propiedad intelectual sean titulares**, **salvo** que la información a la que estén asociadas sea objeto de **especial protección** por una norma. Las Administraciones **cedentes y cesionarias** podrán acordar la **repercusión del coste** de adquisición o fabricación de las aplicaciones cedidas.

2. Las aplicaciones a las que se refiere el apartado anterior podrán ser **declaradas** como **de fuentes abiertas**, cuando de ello se **derive** una **mayor transparencia** en el funcionamiento de la Administración Pública **o se fomente** con ello la incorporación de los ciudadanos a la Sociedad de la información.

Notas:

3. Las **Administraciones Públicas**, con **carácter previo** a la adquisición, desarrollo o al mantenimiento a lo largo de todo el ciclo de vida de una aplicación, tanto si se realiza con medios propios o por la contratación de los servicios correspondientes, deberán **consultar en el directorio general de aplicaciones**, **dependiente** de la **Administración General del Estado**, si existen soluciones **disponibles para su reutilización**, que puedan satisfacer total o parcialmente las necesidades, mejoras o actualizaciones que se pretenden cubrir, y **siempre** que los **requisitos tecnológicos** de interoperabilidad y seguridad así **lo permitan**.

En este directorio **constarán** tanto las **aplicaciones disponibles** de la **Administración General del Estado** como las disponibles en los directorios integrados de aplicaciones del **resto** de Administraciones.

En el caso de existir una **solución disponible** para su reutilización total o parcial, las **Administraciones Públicas** estarán **obligadas a su uso**, **salvo** que la decisión de no reutilizarla se justifique en términos de eficiencia conforme al artículo 7 de la **Ley Orgánica 2/2012, de 27 de abril**, de Estabilidad Presupuestaria y Sostenibilidad Financiera.

ARTÍCULO 158
TRANSFERENCIA DE TECNOLOGÍA ENTRE ADMINISTRACIONES

1. Las **Administraciones Públicas mantendrán directorios actualizados** de **aplicaciones** para su **libre reutilización**, de conformidad con lo dispuesto en el Esquema Nacional de Interoperabilidad. Estos directorios deberán ser **plenamente interoperables** con el directorio general de la **Administración General del Estado**, de modo que se garantice su **compatibilidad** informática e interconexión.

2. La **Administración General del Estado mantendrá** un **directorio general** de aplicaciones para su reutilización, **prestará apoyo** para la libre reutilización de aplicaciones e **impulsará** el **desarrollo** de aplicaciones, formatos y estándares comunes en el **marco** de los **esquemas nacionales** de **interoperabilidad** y **seguridad**.

Notas: